David Clark

Das Tao des Charlie Munger

Der Berkshire-Hathaway-Vizepräsident über das Leben, die Kunst, Geschäfte zu machen, und den Aufbau eines eigenen Vermögens

Börsenbuchverlag

Die Originalausgabe erschien unter dem Titel
The Tao of Charlie Munger: A Compilation of Quotes from Berkshire Hathaway's Vice Chairman on Life, Business, and the Pursuit of Wealth
ISBN 978-1-5011-5334-1

4. Auflage 2025

Covergestaltung: Johanna Wack
Herstellung: Martina Köhler
Buchsatz: Bernd Sabat, VBS-Verlagsservice
Übersetzung: Egbert Neumüller
Lektorat: Claus Rosenkranz
Druck: CPI books GmbH, Leck, Germany

ISBN 978-3-86470-756-8

Bibliografische Information der Deutschen Nationalbibliothek:
Die Deutsche Nationalbibliothek verzeichnet diese Publikation in der Deutschen Nationalbibliografie; detaillierte bibliografische Daten sind im Internet über <http://dnb.d-nb.de> abrufbar.

BÖRSEN MEDIEN
AKTIENGESELLSCHAFT

Postfach 1449 • 95305 Kulmbach
Tel: +49 9221 9051-0 • Fax: +49 9221 9051-4444
E-Mail: info@plassen-buchverlage.de
www.boersenbuchverlag.de
www.facebook.com/plassenverlag
www.instagram.com/plassen_buchverlage

Dieses Buch ist Richard Saunders
und seiner fröhlichen Bande von Störenfrieden gewidmet.
Noch nie haben so viele so wenigen so viel geschuldet.

INHALT

ANMERKUNG ZU DEN QUELLEN

Die Zitate von Charlie Munger, die ich in dieses Buch aufgenommen habe, stammen aus zahlreichen Quellen, die im Internet zur Verfügung stehen, darunter Zeitungen, Zeitschriften, Fachzeitschriften, Vorträge, Bücher, Blogs, Zitate-Websites und andere Websites. Zitate aus Jahreshauptversammlungen stammen aus Online-Berichten von Teilnehmern und sind nicht unbedingt wortwörtliche Zitate der auf der Versammlung getätigten Äußerungen. Im hinteren Teil des Buches habe ich für diejenigen Leser, die noch mehr über den höchst faszinierenden und stets interessanten Charlie Munger lesen möchten, die Quellen mit den entsprechenden Websites angegeben.

EINFÜHRUNG

In den Chroniken der amerikanischen Finanzgeschichte wird Charlie Munger als das sprichwörtliche Rätsel betrachtet werden, das sich in ein Paradoxon hüllt – er ist Mysterium und Widerspruch zugleich. Warren Buffett hat einmal gesagt: „Charlie Mungers bedeutendste architektonische Leistung war die Gestaltung des heutigen Unternehmens Berkshire Hathaway. Die Blaupause, die er mir vorlegte, war ganz einfach: Vergiss, was du darüber weißt, fair bewertete Unternehmen zu wundervollen Preisen zu kaufen; kaufe stattdessen wundervolle Unternehmen zu fairen Preisen. [...] Und so wurde Berkshire nach Charlies Blaupause aufgebaut. Ich übernahm dabei die Rolle des Generalunternehmers und die Vorstandsvorsitzenden der Tochterunternehmen von Berkshire machten als Subunternehmer die eigentliche Arbeit."

Wie kommt es, dass Charlie – ein gelernter Meteorologe und Rechtsanwalt, der nie auch nur einen einzigen College-Kurs in Ökonomie, Marketing, Finanzwesen oder Bilanzierung besucht hat – zu einem der großartigsten und genialsten Unternehmer und Investoren des 20. und des 21. Jahrhunderts wurde? Darin liegt das Mysterium.

Charlie wurde am 1. Januar 1924, also mitten in den Goldenen Zwanzigern, in Omaha im US-Bundesstaat Nebraska geboren. Die modernsten Technologien dieser Zeit waren das Radio und das Flugzeug. Der Finanzier Bernard Baruch war der König der Wall Street und alle wurden dadurch reich, dass sie in Aktien investierten. Charlies Vater war einer der führenden Unternehmensjuristen von Omaha und zu seinen Kunden zählte ein großer Teil der Wirtschaftselite des Bundesstaats. In seiner Jugend las Charlie viel – damals das, was heute Fernsehen und Videospiele sind – und entdeckte dabei eine größere Welt als das idyllische, aber sehr provinzielle Viertel Dundee, in dem auch Warren Buffetts Familie wohnte. Die beiden Jungen besuchten dieselbe Grundschule und dieselbe Highschool, allerdings wegen des Altersunterschieds im Abstand von sieben Jahren. Einen seiner ersten Jobs hatte Charlie im Lebensmittelgeschäft von Warrens Großvater – das sich bis heute im Herzen des alten Dundee befindet.

Im Lebensmittelladen der Buffetts wurde Charlie in die Geschäftswelt eingeführt. Er lernte, Bestände zu verwalten, Regale zu bestücken, es den Kunden recht zu machen, wie wichtig es ist, pünktlich zur Arbeit zu erscheinen, wie man mit anderen zurechtkommt, wenn man eine gemeinsame Aufgabe zu erledigen hat, und natürlich die Bedienung der Registrierkasse, durch die das Geld floss – der Lebenssaft des Unternehmens.

In den 1930er-Jahren gab es in Omaha ethnisch klar abgegrenzte Einwandererviertel: italienische, griechische, afroamerikanische, irische, französische, tschechische, russische und sogar chinesische. Viele Immigranten arbeiteten bei der Eisenbahngesellschaft Union Pacific Railroad und in den Fleisch verarbeitenden Betrieben, die in Omaha ansässig waren. Charlie ging mit den Kindern dieser Einwanderer zur Schule und lernte dabei nicht nur ihre Kulturen zu schätzen, sondern auch ihre Geschäftstüchtigkeit und ihre Bereitschaft, unglaublich hart zu arbeiten, damit es ihren Kindern einmal besser ging.

Charlie erwähnt auf den Hauptversammlungen von Berkshire Hathaway oft die Schrecken der Großen Depression, um daran zu erinnern, wie schlimm die Lage werden kann. Allerdings litt Omaha unter der Großen Depression nicht so schwer wie andere Teile der Vereinigten Staaten, einerseits weil es am Kreuzungspunkt zweier bedeutender Eisenbahnlinien lag – Union Pacific und Burlington – und andererseits weil es Sitz der Union Stock Yards war, der zweitgrößten Viehhöfe der Welt. Dank dieser Kombination von Viehbeständen und Verkehrsanbindung zog Omaha große Fleisch verarbeitende Unternehmen an, die im südlichen Teil Omahas Betriebe errichteten. Auch wenn Amerika in der Großen Depression steckte, so musste es doch essen, und in Omaha kamen täglich bis zu 20.000 Schweine, Schafe und Rinder an. Diese Tiere mussten geschlachtet, zerteilt, verpackt und in andere Teile des Landes geliefert werden. Selbst in schweren Zeiten sorgten die Viehhöfe für eine rege Wirtschaftstätigkeit.

Das Bauunternehmen Kiewit, das heute zu den größten Nordamerikas zählt, wurde in Omaha gegründet. Der erste Großauftrag des Unternehmens war der Bau der Viehbörse für Union Stock Yards. (Peter Kiewit hatte großen Einfluss auf Charlie und Warren und heute befindet sich der Firmensitz von Berkshire Hathaway in einem Gebäude namens Kiewit Plaza.) Charlie erfuhr durch seinen Vater einiges über die geschäftlichen Aktivitäten einiger der prominentesten Geschäftsleute von Omaha, denn er vertrat sowohl die Familie Hitchcock, der die größte Zeitung der Stadt gehörte, als auch die Familie Kountze, der die größte Bank gehörte.

Nach der Highschool schrieb sich der 17-jährige Charlie an der University of Michigan für ein Mathematikstudium ein. Ein Jahr nach Pearl Harbor wurde er 19, brach das College ab und ging zum US Army Air Corps. Die Army schickte ihn auf die Caltech im kalifornischen Pasadena, wo er Meteorologie studierte. Dort lernte er den Unterschied zwischen Kumulus- und Zirruswolken und verliebte sich in das sonnige Wetter von Südkalifornien.

Während Warren Buffett als Teenager eifrig damit beschäftigt war, auf der Pferderennbahn Ak-Sar-Ben – eine kurze Radfahrt von seinem Wohnsitz in Omaha entfernt – etwas über Chancen und Wahrscheinlichkeiten zu lernen, erlernte Charlie Munger diese für die Geldanlage wichtige Fähigkeit, als er mit einem Armeekameraden pokerte. Dort lernte er, zu passen, wenn die Chancen gegen ihn standen, und in die Vollen zu gehen, wenn die Chancen für ihn sprachen – diese Strategie übertrug er später auf die Geldanlage.

Nach dem Krieg bewarb sich Charlie, der keinen Collegeabschluss hatte, an der Harvard Law School, an der sein Vater studiert hatte. Er wurde abgelehnt. Nach einem Anruf des emeritierten Dekans der Harvard Law School, der aus Nebraska stammte und ein Freund der Familie war, wurde er angenommen. Charlie war ein hervorragender Jurastudent und schloss das Studium 1948 magna cum laude ab. Er hat nie vergessen, wie wichtig es ist, einflussreiche Freunde zu haben.

Nach dem Jurastudium kehrte Charlie nach Los Angeles zurück und trat dort in eine renommierte Anwaltskanzlei ein. Da er sich um die Angelegenheiten von Twentieth Century Fox, eines Bergbaubetriebs in der Mojave-Wüste und viele Immobiliengeschäfte kümmerte, lernte er viel über die Geschäftswelt. Außerdem saß er damals im Verwaltungsrat eines Vertragshändlers von International Harvester. Dort erlebte er zum ersten Mal, wie schwierig es ist, ein Unternehmen zu sanieren, das in Schwierigkeiten geraten ist. Die Firma setzte hohe Stückzahlen um und benötigte viel Kapital für seine kostspieligen Bestände – was sie größtenteils über Bankdarlehen finanzierte. Schon nach ein paar schlechten Saisons begannen die laufenden Bestandskosten das Unternehmen zu ruinieren. Wenn es jedoch seinen Bestand verkleinert hätte, um die laufenden Kosten zu senken, hätte es nichts mehr zu verkaufen vorrätig gehabt, sodass die Kunden zu einem Konkurrenten gegangen wären, der Bestände hatte. Es war ein hartes Geschäft mit vielen Problemen, für die es keine einfachen Lösungen gab.

In dieser Zeit dachte Charlie viel über Unternehmen nach. Er machte es sich zur Gewohnheit, Menschen zu fragen, welches Unternehmen ihrer Meinung nach das beste sei. Er sehnte sich danach, ein Mitglied der reichen, elitären Klientel zu werden, für die seine gediegene Kanzlei arbeitete. Er beschloss, jeden Tag eine Stunde für seine eigenen Immobilienprojekte aufzubringen, und schloss auf diese Art fünf Projekte ab. Er hat einmal gesagt, die erste Million, die er gemacht hat, sei das am schwersten verdiente Geld überhaupt gewesen. In dieser Zeit wurde ihm auch klar, dass er als praktizierender Anwalt niemals wirklich reich werden würde; er würde etwas anderes finden müssen.

Als er im Sommer 1959 in Omaha war, um den Nachlass seines Vaters zu regeln, traf er sich mit zwei alten Freunden zum Essen im Omaha Club, einem holzvertäfelten Klub in der Innenstadt, in dem Geschäftsleute nachmittags eine Mahlzeit einnahmen und abends tranken und Zigarren rauchten. Die beiden Männer hatten beschlossen, einen Freund mitzubringen, der eine Anlagegesellschaft betrieb, in die sie investiert hatten, und von dem sie dachten, Charlie würde sich freuen, ihn kennenzulernen – einen jungen Mann namens Warren Buffett.

Allen Berichten zufolge fühlten sich die beiden sofort zueinander hingezogen. Warren begann mit einer seiner üblichen Lobreden auf den genialen Investor Benjamin Graham. Charlie wusste von Graham und sofort begannen die beiden, sich über Unternehmen und Aktien zu unterhalten. Das Gespräch wurde so intensiv, dass Charlie und Warren es kaum merkten, als ihre beiden Freunde aufstanden und gingen. Das war der Beginn einer langen und sehr profitablen Beziehung – eine beginnende Männerfreundschaft – und in den Tagen danach konnten sie sich gar nicht oft genug sehen. Eines Abends fragte Charlie beim Abendessen, ob Warren es für möglich halte, dass Charlie in Kalifornien eine ähnliche Anlagegesellschaft wie er gründen könnte. Warren antwortete, er sehe keinen Grund, der dagegen spreche.

Als Charlie nach Kalifornien zurückgekehrt war, telefonierten er und Warren während der nächsten Jahre mehrmals die Woche miteinander. Und 1962 gründete Charlie schließlich zusammen mit einem alten Pokergenossen, der Aktienhändler an der Pacific Coast Exchange war, eine Investmentgesellschaft. Außerdem gründete er die Anwaltskanzlei Munger, Tolles, Hills and Woods. Nach drei Jahren hängte er die Juristerei an den Nagel und konzentrierte sich völlig auf die Geldanlage.

Charlies Anlagegesellschaft unterschied sich insofern von Warrens, als er bereit war, für manche seiner Handelsgeschäfte hohe Schulden aufzunehmen. Besonders gern machte er Arbitragegeschäfte mit Aktien. Gegenstand eines dieser Geschäfte war das Unternehmen British Columbia Power, das vom kanadischen Staat übernommen wurde. Der Übernahmepreis betrug 22 Dollar je Aktie. Gehandelt wurde BCP für 19 Dollar je Aktie. Da Charlie dachte, der Deal würde zu 22 Dollar je Aktie abgeschlossen, kaufte er alle Aktien von BCP, die er in die Finger bekommen konnte, und steckte am Ende das gesamte Geld seiner Gesellschaft, sein gesamtes eigenes Geld und alles, was er sich leihen konnte, in BCP. Der Trade klappte – BCP wurde zu 22 Dollar je Aktie übernommen – und Charlie sahnte richtig ab.

Mitte der 1960er-Jahre brüteten Charlie und Warren viel über den sogenannten Pink Sheets (in der Prä-Internet-Zeit wurden die Preise von sogenannten OTC-Aktien, also solchen, die im

Freiverkehr gehandelt wurden, täglich auf rosafarbenem Papier bekannt gegeben) und suchten nach Spottpreisen für gute Unternehmen. Eines der Unternehmen, das sie dabei fanden, war Blue Chip Stamp. Das Unternehmen verkaufte Prämienmarken. Andere Unternehmen kauften Blue Chip die Marken ab, um sie ihren Kunden auszuhändigen, und diese lösten sie gegen die Preise ein, die Blue Chip dafür anbot. Sie können sich das Ganze als Frühform der heutigen Treuepunkte vorstellen. Was dieses Unternehmen für Charlie interessant machte, war die Tatsache, dass es einen Geldmittel-Pool besaß, der als „Float“ bezeichnet wird und der durch die Zeitspanne zwischen dem Zeitpunkt entstand, zu dem es seine Marken verkaufte, und dem Zeitpunkt, zu dem die Kunden sie einlösten. Der attraktive Preis der Aktie von Blue Chip resultierte daraus, dass die US-Regierung ein Kartellverfahren gegen das Unternehmen angestrengt hatte. Als Jurist dachte Charlie, dass der Prozess zugunsten von Blue Chip enden würde – und so kam es auch. Schließlich übernahmen Charlie – mittels seiner Gesellschaft – und Warren – mittels Berkshire Hathaway – die Kontrolle über das Unternehmen und Charlie wurde Verwaltungsratsvorsitzender. Bis Ende der 1970er-Jahre war der Float von Blue Chip Stamp auf circa 100 Millionen Dollar angewachsen, die Charlie und Warren investieren konnten.

Irgendwann war das Geschäftsmodell von Blue Chip veraltet und sein Umsatz ging im Laufe der Jahre langsam zurück, von 126 Millionen Dollar im Jahr 1970 auf 1,5 Millionen im Jahr 1990. Jedoch nutzte Blue Chip in seiner Blütezeit unter der Leitung von Charlie sein überschüssiges Kapital, um 100 Prozent von See's Candies und 80 Prozent einer Finanzgesellschaft namens Wesco zu kaufen, die eine Sparkasse besaß. Ähnlich wie Warren Kapital aus den sterbenden Textilbetrieben von Berkshire herausgezogen hatte, entnahm Charlie das überschüssige Kapital aus

Blue Chip Stamp und investierte es in rentable Unternehmen. Und schließlich wurde Blue Chip Stamp mit Berkshire Hathaway fusioniert.

Im Jahr 1968 tat sich Charlie mit Warren und mit David „Sandy“ Gottesman, dem Leiter der Investmentfirma First Manhattan, zusammen und gründete die Diversified Retailing Company. DRC übernahm für zwölf Millionen Dollar das in Baltimore ansässige Kaufhaus Hochschild Kohn. Zur Hälfte wurde die Übernahme über ein Bankdarlehen finanziert. Hochschild Kohn wurde zwar zum Spottpreis gekauft, hatte aber keinen Wettbewerbsvorteil und musste ständig wertvolles Kapital dafür aufbringen, mit der Konkurrenz mitzuhalten. Charlie und die anderen merkten schnell, wie hart der Bekleidungs-Einzelhandel in Wirklichkeit ist. Anders als im Schmuck- oder Teppichhandel, wo der Wert der Vorräte nie sinkt, wird im Bekleidungsgeschäft mit jedem Wechsel der Saison der Bestand unmodern. Nach drei Jahren mit kläglichen Ergebnissen verkauften sie Hochschild Kohn wieder.

In dieser Zeit begann Charlie zu erkennen, welche Vorteile es hat, in bessere Unternehmen zu investieren, die keinen hohen Kapitalbedarf haben, aber einen hohen Free Cash Flow, den man in expandierende Geschäftstätigkeiten oder in den Kauf neuer Unternehmen investieren kann.

Von 1961 bis 1969 fuhr Charlies Anlagegesellschaft eine fantastische durchschnittliche Jahresrendite von 37,1 Prozent ein. Doch der Crash der Jahre 1973 und 1974 traf ihn hart und als er den Fonds 1975 schloss, belief sich das verwaltete Vermögen auf zehn Millionen Dollar und die durchschnittliche Jahresrendite über die 14 Jahre seiner Existenz belief sich auf 24,3 Prozent. Interessant daran ist, dass Charlie den Fonds in den letzten Jahren mit einem hochkonzentrierten Portfolio betrieb, allein die Position in Blue Chip Stamp stellte 61 Prozent der Investitionen des Fonds. Er war noch nie ein Fan der Diversifizierung als Anlagestrategie.

Eine der Anlageentscheidungen, die Charlies Gesellschaft 1972 traf, bestand darin, sich mit dem Investor Rick Guerin zusammenzutun und eine Kontrollmehrheit an einem Geschlossenen Investmentfonds namens Fund of Letters zu übernehmen, den sie bald in New America Fund umbenannten. Guerin leitete den Fonds und Charlie pickte die Investments heraus. Im Jahr 1977 kaufte New America Fund für 2,5 Millionen Dollar die Daily Journal Corporation und Charlie wurde Verwaltungsratsvorsitzender. Die Daily Journal Corporation ist ein kalifornischer Verlag, der Zeitungen und Zeitschriften veröffentlicht, unter anderem das *Los Angeles Daily Journal* und das *San Francisco Daily Journal.* Als Guerin und Charlie den New America Fund auflösten, erhielten dessen Anteilseigner Aktien der Daily Journal Corporation und diese Aktien wurden öffentlich im Freiverkehr (OTC) gehandelt. Viele heutige Aktionäre von Daily Journal legen seit der Zeit von Charlies erster Investmentgesellschaft bei ihm an, also seit über 40 Jahren.

Im Jahr 1979 wurde Charlie der erste Vizevorsitzende von Berkshire Hathaway. 1983 fusionierte Blue Chip Stamp mit Berkshire Hathaway und Charlie übernahm den Verwaltungsratsvorsitz von Wesco. Von diesen beiden Positionen aus half Charlie dann Warren, die Anlage- und Managemententscheidungen zu treffen, die Berkshire Hathaway von einem Reingewinn von 148 Millionen Dollar und einem Aktienkurs von 1.272 Dollar im Jahr 1984 auf einen Reingewinn von rund 24 Milliarden Dollar und einen Aktienkurs von 210.000 Dollar im Jahr 2016 brachten.

Heute, mit 92 Jahren, ist Charlie stellvertretender Verwaltungsratsvorsitzender von Berkshire Hathaway, einem Unternehmen mit einer Marktkapitalisierung von 362 Milliarden Dollar, und

Vorsitzender der Daily Journal Corporation. Sein Privatvermögen beläuft sich auf mehr als zwei Milliarden Dollar.

Warren fasste Charlies Einfluss auf seinen Anlagestil in den vergangenen 57 Jahren einmal so zusammen: „Charlie drängte mich in die Richtung, nicht nur Schnäppchen zu kaufen, wie es mich Ben Graham gelehrt hatte. Das war der eigentliche Einfluss, den er auf mich hatte. Um mich von Grahams einengender Sichtweise abzubringen, war eine mächtige Kraft notwendig. Das war die Kraft von Charlies Verstand."

TEIL I

CHARLIES GEDANKEN ÜBER ERFOLGREICHE GELDANLAGE

1

DAS SCHNELLE GELD

„Das Verlangen, schnell reich zu werden, ist ziemlich gefährlich."

Der Versuch, schnell reich zu werden, ist gefährlich, weil man dann auf die kurzfristige Preisentwicklung einer Aktie oder eines anderen Vermögenswerts spekulieren muss. Dabei gibt es eine ganze Menge Leute, die das Gleiche versuchen, und viele von ihnen sind viel besser informiert als wir. Die kurzfristige Richtung von Wertpapieren und Derivatekontrakten unterliegt allen möglichen wilden Kursausschlägen aufgrund von Ereignissen, die nichts mit dem eigentlichen langfristigen Wert des zugrunde liegenden Unternehmens oder Vermögenswerts zu tun haben. Und last, but not least ist da noch das Problem mit der Hebelwirkung: Um schnell reich zu werden, muss man oft Schuldenhebel einsetzen, um kleine Preisausschläge in wirklich riesige Gewinne zu verwandeln. Läuft es gegen uns, können diese sich auch in wirklich riesige Verluste verwandeln. Wir nehmen also eine gehebelte Position in einer Aktie ein und meinen, wir würden einen fetten Gewinn erzielen; dann passiert etwas Schreckliches wie der 11. September, der Aktienmarkt sackt ab und wir werden ausradiert. In seiner Anfangszeit setzte Charlie bei seinen Aktienarbitrage-Investments hohe Hebelwirkungen ein, doch mit zunehmendem Alter erkannte er die große Gefahr, in die er sich dadurch brachte; heute vermeidet er es leidenschaftlich, Schulden einzusetzen, und setzt nur noch auf die langfristigen Wirtschaftsdaten eines Unternehmens, nicht mehr auf die kurzfristigen Ausschläge seines Aktienkurses.

2

DER KOMPETENZRADIUS

*„Zu wissen, was man nicht weiß,
bringt mehr, als brillant zu sein."*

Damit sagt Charlie, dass wir uns dessen bewusst werden sollten, was wir nicht wissen, und dass wir dieses Wissen einsetzen sollten, um es zu unterlassen, in Unternehmen zu investieren, die wir nicht verstehen.

Auf dem Höhepunkt der blasenartigen Hausse der Technologie-Aktien Ende der 1990er-Jahre wurden viele hochintelligente Menschen dazu verleitet, in Internet-Aktien zu investieren. Charlie war klar, dass er die neuen Internetfirmen nicht verstand. Sie befanden sich außerhalb dessen, was er seinen Kompetenzradius nennt, und so mieden Berkshire und er sie vollständig. Der größte Teil der Wall Street dachte, er habe sein Gespür verloren. Doch als die Blase schließlich platzte und die Aktien fielen, wurden Vermögen vernichtet und Charlie war derjenige, der brillant dastand.

3

SEI KEIN IDIOT

„Die Menschen versuchen, klug zu sein –
ich versuche bloß, nicht idiotisch zu sein,
aber das ist schwerer,
als die meisten Menschen meinen."

Charlies Anlagephilosophie ist von der Theorie geprägt, dass der kurzsichtige Aktienmarkt die Aktie eines Unternehmens manchmal im Verhältnis zum langfristigen ökonomischen Wert des Unternehmens unterbewertet. Wenn das geschieht, kauft er Anteile am Unternehmen, hält sie langfristig und lässt die zugrunde liegenden Wirtschaftsdaten des Unternehmens schließlich den Aktienkurs steigern. Das Einzige, worauf er achten muss: dass er nichts Dummes anstellt, was in seinem Fall vor allem Unterlassungen bedeutet, zum Beispiel dass er nichts tut, wenn er eine gute Anlage sieht, oder dass er zu wenig davon kauft, wenn sich die Gelegenheit bietet. Und das ist wirklich schwerer, als man meinen könnte.

4

AUSSTEIGEN

„Zum Teil ist das Leben wie ein Pokerspiel, bei dem man lernen muss, dass man manchmal ein heiß geliebtes Blatt aufgeben muss – man muss lernen, mit Fehlern und mit neuen Tatsachen umzugehen, die die Wahrscheinlichkeiten verschieben."

Charlie erlebte dies mit der Hypothekenbank Freddie Mac. Als Berkshire in den 1980er-Jahren Aktien von Freddie Mac kaufte, war das Unternehmen sehr gut geführt, wurde konservativ gemanagt und machte profitable Hypothekengeschäfte. Im Laufe der Zeit weitete Freddie Mac seine Tätigkeit auf zusätzliche Geschäftszweige aus und nutzte dabei seinen quasi-staatlichen Status, um aggressiv kurzfristige Kredite aufzunehmen und das Geld langfristig zu verleihen – die gleiche finanzielle Gleichung, die schließlich Lehman Brothers in den Bankrott trieb. Als Berkshire sah, wie dramatisch das Risiko gewachsen war und wie sehr sich die Haltung der Unternehmensleitung von Freddie Mac gewandelt hatte, verkaufte es seine geliebte Investition 1999 mit Gewinn. Im Jahr 2008 stand Freddie Mac unter Zwangsverwaltung, das alte Management war entlassen worden und die Aktie war nur noch einen winzigen Bruchteil so viel wert wie zu dem Zeitpunkt, als Berkshire die seinigen verkauft hatte. Charlie weiß, wann er mitgehen, wann er passen und wann er aussteigen muss.

5

LEICHTE BEUTE

„Mein Plan, einen Fisch in einer Tonne
zu harpunieren, sieht vor,
das Fass zuerst leerlaufen zu lassen."

Manchmal serviert einem der kurzsichtige Aktienmarkt eine Investmentchance, die so sehr auf der Hand liegt, dass man kaum widerstehen kann. Das geschieht meistens dann, wenn an der Börse Panik ausbricht und die Anleger alle möglichen Investments abstoßen, sogar solche mit großartigen langfristigen ökonomischen Voraussetzungen, die zu ihren Gunsten arbeiten. Diese Flucht der Anleger ist das Leeren der Tonne – die Aktienkurse sacken ab und dies erleichtert es Charlie, den Fisch zu sehen: unterbewertete großartige Unternehmen.

6

OFFENBARUNG

„Als wir einmal die Hürde überwunden hatten, zu erkennen, dass eine Anlage aufgrund quantitativer Kennzahlen, die Graham entsetzt hätten, ein Schnäppchen sein konnte, begannen wir über bessere Unternehmen nachzudenken.“

Benjamin Graham war der Urvater des Value-Investings. Außerdem war er Warren Buffetts Dozent und Mentor und in seiner Welt bedeutete Value-Investing, dass er eine Aktie unter ihrem inneren Wert kaufte – was für Graham die Hälfte des Buchwerts oder ein sehr niedriges Kurs-Gewinn-Verhältnis bedeutete. In dem Zeitraum von 1933 bis 1965 konnte man das bedenkenlos tun, wenn man sich die Arbeit machte, solche Schnäppchen zu finden. Das Problem an Grahams Anlagephilosophie bestand jedoch darin, dass der Anleger die Aktie verkaufen musste, sobald sie über ihren inneren Wert stieg. Es kam nicht infrage, dass man ein Unternehmen 20 Jahre oder länger hielt und es zuließ, dass die zugrunde liegenden Wirtschaftsdaten des Unternehmens es wachsen und den Aktienkurs steigen ließen.

Charlie und Warren begriffen, dass bei manchen Unternehmen außerordentlich günstige ökonomische Gegebenheiten am Werk sind, die dazu führen, dass ihr innerer Wert im Laufe der Zeit steigt. Aktien solch fantastischer Unternehmen sind eigentlich eine Art Kapitalanleihe mit steigender Verzinsung (Gewinn). Ein Beispiel: Als Berkshire 1988 begann, Aktien von Coca-Cola zu kaufen, belief sich der Gewinn je Aktie des Unternehmens (alle

Zahlen splitbereinigt) auf 0,18 Dollar und wuchs jährlich um circa 16 Prozent. Berkshire bezahlte für die Aktie etwa 3,24 Dollar, was ein KGV von 18 ergab – für jemanden wie Graham viel zu hoch. Aber Charlie und Warren konnten etwas sehen, was Graham nicht sehen konnte: dass die langfristigen wirtschaftlichen Voraussetzungen des Unternehmens es selbst bei einem KGV von 18 zu einem Schnäppchen machten. Sie betrachteten die Coca-Cola-Aktie als eine Art Kapitalanleihe, die anfangs eine Rendite von 5,55 Prozent lieferte (0,18 Dollar Gewinn je Aktie geteilt durch 3,24 = 5,55 Prozent), welche weiter steigen würde, wenn der Gewinn je Coca-Cola-Aktie weiter wachsen würde. Und sie dachten, dass der Markt langfristig den Aktienkurs von Coca-Cola in die Höhe treiben würde, wenn die Gewinne des Unternehmens wuchsen.

Und wie erging es Berkshire damit? Die Anfangsinvestition von 1,299 Milliarden Dollar in Coca-Cola im Jahr 1988 ist in den letzten 27 Jahren auf 16,184 Milliarden Dollar angewachsen, was Berkshire eine kumulierte Jahresrendite von 10,04 Prozent über diese 27 Jahre bescherte – dabei sind die Dividenden, die es in diesem Zeitraum bezog, noch nicht einmal mitgerechnet. Allein 2015 schüttete Coca-Cola an Berkshire 528 Millionen Dollar an Dividenden aus, was Berkshire eine derzeitige Dividendenrendite von 40 Prozent auf seine Anfangsinvestition von 1,299 Milliarden Dollar bescherte. In den nächsten fünf Jahren wird Coca-Cola an Berkshire circa 2,64 Milliarden Dollar an Dividenden ausschütten. Coke macht wirklich mehr draus, auch aus unserem Geld.

7

GRAHAMS IRRTUM

„Ben Graham musste als Investor viel lernen. Alle seine Ideen, wie man Unternehmen bewertet, wurden davon geprägt, dass der Große Crash und die Depression ihn fast vernichtet hatten [...] Die Angst wirkte bei ihm ein Leben lang nach und alle seine Methoden waren darauf ausgerichtet, sie in Schach zu halten."

Der Crash am 29. Oktober 1929 traf Graham hart und der nachfolgende Crash im Jahr 1932 vernichtend. Nach dem Crash 1929 begannen die Aktienkurse wieder zu steigen, bis zum Jahr 1931 um 30 Prozent. Der Crash 1932 kam völlig unerwartet und war der schwerste des 20. Jahrhunderts. Er trieb die Aktienkurse um 89 Prozent nach unten. Wenn man am 3. September 1929 die Summe von 1.000 Dollar in den Dow Jones Industrial Average investiert hatte, wäre sie bis zum 8. Juli 1932 auf 109 Dollar geschrumpft.

Um sich in Zukunft zu schützen, entwickelte Graham das Konzept der Sicherheitsmarge, eine quantitative Bewertungsmethode, die er aus der Analyse von Anleihen und aus Angst vor dem Bankrott abgeleitet hatte. Er suchte nach Unternehmen, deren Aktienkurs unter ihrem Buchwert je Aktie lag. Daraus entwickelte er den Ansatz, so zu tun, als kaufe er das gesamte Unternehmen. Er schätzte den Wert des gesamten Unternehmens beispielsweise auf zehn Millionen Dollar und rechnete sich dann aus, für wie viel Geld das Unternehmen an der Börse verkauft wurde. Wenn eine Million Aktien des Unternehmens umliefen und pro Stück sechs Dollar kosteten, dann erkannte er, dass der Aktienmarkt das gesamte Unternehmen mit sechs Millionen Dollar bewertete. Jedoch betrug sein innerer Wert zehn Millionen Dollar, was ihm eine Sicherheitsmarge von vier Millionen Dollar verschaffte. Das heißt, selbst wenn die Börse crashte, würde der innere Wert des Unternehmens von zehn Millionen Dollar am Ende den Aktienkurs wieder nach oben bewegen.

Zu seinem Schaden verlangte dieses System von ihm, dass er eine Anlage verkaufte, sobald sie ihren inneren Wert erreichte. Dass er eine Aktie 30 oder 40 Jahre lang gehalten hätte, so wie Charlie und Warren es tun, gab es nicht. Wenn er Berkshire Hathaway 1974 gekauft hätte, als es zu seinem halben Buchwert gehandelt wurde, dann hätte er es 1980 wieder verkauft, weil es da über seinem Buchwert gehandelt wurde. Die Fahrt nach oben auf einen Preis von 210.000 Dollar je Aktie im Jahr 2016 hätte er nicht mitgemacht. Seine Anlagephilosophie war dafür gedacht, ihm Geld einzubringen und ihn vor Verlusten zu bewahren. Sie hielt ihn aber auch davon ab, dass er jemals von dem Zinseszinseffekt profitiert hätte, den ein großartiges Unternehmen über Zeiträume von zehn, 20 oder noch mehr Jahren erzeugen kann.

8
DIE FÜSSE STILLHALTEN

„Halten Sie bei der Geldanlage die Füße still. Dann bezahlen Sie den Brokern weniger, Sie hören sich weniger Unsinn an und wenn es funktioniert, schenkt Ihnen das Steuersystem obendrein noch einen, zwei oder drei Prozentpunkte extra."

Diese wichtige Anlagephilosophie geht von der Annahme aus, dass man besser dran ist, wenn man ein Unternehmen mit außerordentlichen wirtschaftlichen Eckdaten kauft, die zu seinen Gunsten wirken, und es viele Jahre lang hält, als wenn man sich auf zahlreiche Käufe und Verkäufe einlässt und dabei versucht, Markttendenzen vorwegzunehmen. Wenn man ständig kauft und verkauft, fallen ständig Steuern an. Wenn man ein Investment 20 Jahre lang hält, bezahlt man nur einmal Steuern, und das entspricht laut Charlie einer zusätzlichen Rendite von einem bis drei Prozentpunkten.

Die drei Prozentpunkte extra mögen nach nicht viel aussehen, aber überlegen Sie sich einmal Folgendes: Eine Anlage von einer Million Dollar, die mit vier Prozent verzinst ist, wächst bis zum 20. Jahr auf 2.191.123 Dollar an. Nimmt man noch drei Prozentpunkte hinzu (4 % + 3 % = 7 %), sodass sich die Millioneninvestition über 20 Jahre zu sieben Prozent verzinst, dann landet man im 20. Jahr bei 3.869.684 Dollar.

Charlie weiß, dass die Zeit einem Unternehmen, dem außerordentliche ökonomische Gegebenheiten in die Hände spielen, ein guter Freund, jedoch für ein mittelmäßiges Unternehmen ein Fluch sein kann.

9

DIE MORGENRÖTE DER WEISHEIT

„Anzuerkennen, was man nicht weiß,
ist die Morgenröte der Weisheit.“

Je klüger wir werden, desto mehr begreifen wir, wie wenig wir eigentlich wissen. Indem wir anerkennen, was wir nicht wissen, machen wir uns bereit dafür, mehr zu lernen, sodass die Weisheit heraufdämmert.

In Charlies Welt der Geldanlage gibt es den von ihm so genannten „Kompetenzradius“, innerhalb dessen alle Unternehmen liegen, die zu verstehen und zu bewerten er in der Lage ist. Zu dieser Welt gehören aber auch alle Unternehmen außerhalb des dadurch beschriebenen Kreises, die er nicht versteht und nicht bewerten kann. Indem er anerkennt, was er nicht weiß, kann er entweder eine Anlage meiden oder mehr über ihr Geschäft erfahren und dann schauen, ob er es insoweit versteht, dass er es bewerten kann – und dadurch würde es in seinen Kompetenzradius rücken. Im Laufe seines Lebens hat Charlie diesen Kompetenzradius auf die Versicherungsbranche, das Bankwesen, Zeitungen, Fernsehen, Süßwarenhersteller, Fluggesellschaften, Werkzeugbau, Bootsbauer, Unterwäschehersteller, Stromkonzerne und Investmentbanking ausgeweitet. Sein Weg zu alledem begann damit, anzuerkennen, dass er nichts darüber wusste, und dann etwas dagegen zu unternehmen.

10

ANALYSTEN

„Wenn man in der Geschäftswelt Analysten, Prospektprüfungen, aber keinen gesunden Menschenverstand hat, dann ist das buchstäblich die Hölle."

Ich glaube, damit will Charlie sagen, dass wir dann, wenn Analysten einer Ratingagentur wie etwa Moody's Corporation ein neues Rating einer Anleihe herausgeben und dabei gleichzeitig Millionen von der an der Wall Street ansässigen Investmentbank beziehen, die das Rating angefordert hat, wahrscheinlich ein bisschen misstrauisch sein sollten. Die Ratingagenturen haben einen sehr starken Anreiz, den Investmentbanken die höchstmöglichen Einstufungen ihrer Finanzprodukte zu liefern – selbst wenn diese Produkte ein derart gutes Rating gar nicht verdient haben. Und genau das hat zur Bildung der Häuserblase beigetragen, zu dem nachfolgenden Börsencrash und zu der großen Rezession der Jahre 2007 bis 2009. Heute stehen wir vor dem Problem, dass der finanzielle Anreiz für Ratingagenturen, im Auftrag der Investmentbanken ein rosiges Bild zu malen, nach wie vor besteht. Wer zweimal auf den gleichen Trick hereinfällt, ist selber schuld.

11
EINE FEHLGEPREISTE WETTE

„Man sucht nach einer fehlgepreisten Wette.
Darum geht es bei der Geldanlage. Und man muss
genug wissen, um zu wissen, ob die Wette fehlgepreist ist.
Das ist Value-Investing."

Ein Unternehmen ist dann eine fehlgepreiste Wette, wenn der Aktienkurs nicht zu seinen langfristigen künftigen Wirtschaftsdaten passt. Diese Fehlpreisung kann nach oben ausschlagen, sodass der Aktienkurs die langfristigen Aussichten des Unternehmens signifikant überbewertet. Oder sie kann nach unten ausschlagen, sodass der Aktienkurs die langfristigen Aussichten des Unternehmens stark unterbewertet. Wenn der Aktienkurs zu fallen beginnt, beginnt die Fehlpreisung des Unternehmens nach unten im Verhältnis zu den langfristigen Aussichten des Unternehmens. Je tiefer der Aktienkurs sinkt, umso fehlgepreister wird die Aktie. Dann stehen die Chancen günstig und es ist Zeit, zu kaufen. Man bekommt für sein Geld einen großartigen Gegenwert, wenn man ein Unternehmen mit großartigen ökonomischen Gegebenheiten kauft, die ihm in die Hände spielen, und dessen Aktienkurs nach unten fehlgepreist ist. Weshalb tritt dieses Phänomen der Fehlpreisung auf? Wegen des kurzsichtigen Charakters der Institutionen – vor allem Investmentfonds und Hedgefonds –, die die wichtigsten Akteure am Aktienmarkt sind und die sich nur für die Richtung interessieren, in die sich der Aktienkurs eines Unternehmens in den nächsten sechs Monaten entwickeln wird. Charlie hingegen geht es nur darum, wohin sich die grundlegenden Wirtschaftsdaten des Unternehmens in den nächsten zehn Jahren entwickeln werden. Die Diskrepanz zwischen diesen beiden ist das, was die fehlgepreiste Wette erzeugt – die Kaufgelegenheit.

12

DIVERSIFIZIERUNG

„Diese Anbetung am Altar der Diversifizierung, ich finde das wirklich verrückt."

Durch Diversifizierung werden Finanzberater und Börsenmakler davor bewahrt, jemals schlecht auszusehen, doch sie hält sie auch davon ab, wirklich gut dazustehen. Bei einer breiten Diversifizierung – wenn man beispielsweise ein Portfolio aus 50 oder mehr unterschiedlichen Aktien hält – geschieht Folgendes: Die Gewinner werden durch die Verlierer genauso ausgeglichen wie die Verlierer durch die Gewinner. Diversifizierung erzeugt eine Situation, die im Prinzip den Markt oder einen Indexfonds nachahmt. Ein Berater, der zur Diversifizierung rät, steht nie besonders gut oder besonders schlecht da, bloß durchschnittlich.

Charlie stellte fest, dass man dann, wenn man zu einem vernünftigen Preis in Unternehmen mit großartigen wirtschaftlichen Gegebenheiten investiert, die zu ihren Gunsten wirken, die Anzahl der Unternehmen auf zehn oder noch weniger senken kann und trotzdem gegen einen unerwarteten Unternehmensbankrott abgesichert ist – und im Portfolio über einen Zeitraum von zehn oder 20 Jahren solides Wachstum verzeichnen kann. Wie das Sprichwort sagt: Zu viel Diversifizierung und wir landen im Zoo. Es ist viel leichter, den Korb scharf im Auge zu behalten, wenn darin nur zehn Eier liegen.

13

WANN MAN MASSIV SETZEN MUSS

„Man sollte nicht vergessen, dass gute Ideen selten sind – wenn die Chancen ganz klar auf Ihrer Seite sind, sollten Sie massiv darauf setzen."

Selbst wenn ein großartiges Investment direkt vor ihren Augen liegt, knabbern die meisten Anleger nur ein bisschen daran – was nicht der Weg zum großen Geld ist. Wann stehen die Chancen günstig? Wenn ein makroökonomisches Ereignis die Aktienkurse abstürzen lässt, kauft Charlie so viel wie möglich. Bedenken Sie, dass sich in Charlies Welt die Chancen mit sinkenden Preisen immer mehr zu unseren Gunsten verlagern, falls wir in Unternehmen investieren, denen gute langfristige wirtschaftliche Gegebenheiten in die Hände spielen. Charlie empfiehlt uns, in einem solchen Fall aufs Ganze zu gehen!

14

DIE HERDE

„Das Nachahmen der Herde fördert die Rückkehr zum Mittelwert."

Wenn man in einen Indexfonds investiert, ergeht es einem laut Charlie nicht besser als dem durchschnittlichen Anleger. Wir übertreffen dann niemals den Durchschnitt und Durchschnitt kann ja auch Verlust bedeuten. Wenn man auf dem Höhepunkt einer Hausse einen Indexfonds kauft und der Markt dann abtaucht, kann es vorkommen, dass wir über mehrere Jahre Verlust machen. In Charlies Welt kauft man dann, wenn die anderen verkaufen, was allerdings schwierig ist, wenn man mit der Herde läuft.

15

VORAUSSICHT

„Ich konnte noch nie etwas exakt voraussagen. Ich verdiene mein Geld nicht mit exakten Prognosen. Wir steigen bloß überwiegend in gute Unternehmen ein und bleiben dabei."

Charlie ist nicht gut darin, die Zukunft vorherzusagen, sei es das Wetter, die Wahlen, die Konjunktur oder den Aktienmarkt – ganz besonders den Aktienmarkt. Für ihn ist das ganze Geschwätz in der Finanzpresse über das, was an der Börse passieren wird, sinnloses Rauschen. Er ist nur ein Mensch, der nach einem guten Unternehmen sucht, das er zu einem angemessenen Preis kaufen kann. Eines kann er jedoch durchaus voraussagen: dass der Aktienmarkt Augenblicke wilden Überschwangs mit hohen Aktienkursen erleben wird, auf die gewöhnlich schwere Depressionsschübe und viel tiefere Aktienkurse folgen. Kann er mit einer gewissen Genauigkeit vorhersagen, wann diese Ereignisse eintreten werden? Nein. Aber dass sie eintreten werden, weiß er – er braucht lediglich die Geduld, sie geschehen zu lassen.

16

FINANZKRISE IST GLEICH GELEGENHEIT

„Wenn Sie wie ich die Jahre 1973/1974 oder gar die frühen 1990er-Jahre erlebt haben ... da gab es eine Warteliste für AUStritte aus dem Country Club – und da merkt man, dass es hart auf hart kommt. Wenn Sie lange genug leben, werden Sie es erleben."

Die Vereinigten Staaten erlebten in den Jahren 1973/1974 und dann wieder Anfang der 1990er-Jahre konjunkturelle Rezessionen, die Arbeitslosigkeit und abstürzende Aktienkurse mit sich brachten. Die Rezession 1973/1974 wurde von einem Anstieg des Ölpreises ausgelöst. Sie dauerte vier Monate und ließ den Dow Jones Industrial Average 45 Prozent seines Wertes verlieren. Auch die Rezession Anfang der 1990er-Jahre wurde von steigenden Ölpreisen ausgelöst, aber auch von der überzogenen Bautätigkeit in den 1980er-Jahren, nach der der Bau von Bürogebäuden ins Stocken geriet. Die Rezession hielt acht Monate lang an und führte dazu, dass der Dow Jones 18 Prozent seines Wertes einbüßte.

Im Jahr 2001, also sechs Jahre, bevor die Große Rezession einsetzte, wusste Charlie, dass es irgendwann wieder eine große wirtschaftliche Umwälzung geben würde. Damit lag er richtig. In den Jahren 2007 bis 2009 kollabierte die Konjunktur, die Aktien fielen und der Dow Jones verlor 54 Prozent seines Wertes. Woher er wusste, dass das passieren würde? Er weiß, dass zyklische Finanzkrisen in der Natur des Kapitalismus liegen. Dass ein hoch verschuldetes Bankensystem in Kombination mit fieberhaften

Spekulationen höchst instabile Investmentblasen erzeugen kann, die unweigerlich platzen und die gesamte Wirtschaft mit sich herabziehen.

Es wäre ein Fehler von mir, wenn ich nicht darauf hinweisen würde, dass chaotische Rezessionen/Crashs in Charlies Kaufstrategie einprogrammiert sind. Sowohl Charlie als auch Warren lassen den Cashbestand sich ansammeln, während sie auf eine Rezession beziehungsweise einen Crash warten – selbst wenn dies bedeutet, dass sie auf ihr Bares sehr niedrige Renditen bekommen, während sie auf das Unvermeidliche warten. Schlägt der Crash zu, tätigen sie ihre Käufe. Im Zuge der Rezession 1990 steckten die Bank-Aktien einen schweren Schlag ein, den Berkshire als Kaufgelegenheit nutzte, um fünf Millionen Aktien der Bank Wells Fargo zum Preis von 289 Millionen Dollar zu erwerben. Heute sind diese fünf Millionen Aktien dank Aktiensplits auf 40 Millionen Aktien angewachsen, die inzwischen circa 1,9 Milliarden Dollar wert sind. Das beschert Berkshire über diese 26 Jahre ohne Dividenden eine kumulierte Jahresrendite von 7,5 Prozent. Das Sahnehäubchen ist allerdings, dass Berkshires Anfangsinvestition von 289 Millionen Dollar inzwischen jährlich 59,2 Millionen Dollar an Dividenden abwirft – was der Ausschüttung einer jährlichen Dividende in Höhe von 20,4 Prozent der Anfangsinvestition entspricht. Wie Charlie schon so oft gesagt hat, war es nicht seine Intelligenz, die ihn reich gemacht hat, sondern sein Temperament.

17

CASH IST DER SCHLÜSSEL

„Der Weg zum Reichtum besteht darin, zehn Millionen Dollar auf dem Girokonto liegen zu haben für den Fall, dass ein gutes Geschäft des Weges kommt."

Charlie empfiehlt, zehn Millionen Dollar in bar bereitzuhalten, und Berkshire hat 72 Milliarden Dollar Cash herumliegen, die darauf warten, dass der passende Deal auftaucht. Die klägliche Rendite, die ihre Geldbestände erzielen, ist ein Kompromiss – eine schlechte Anfangsrendite versus jahrelange hohe Rendite dank der entdeckten ausgezeichneten Unternehmen, die zu einem fairen Preis verkauft werden. Dieser Teil der Investmentgleichung von Munger wird fast immer missverstanden. Warum? Weil sich die meisten Anleger nicht vorstellen können, dass es eine gewinnbringende Anlagestrategie sein kann, Jahr für Jahr auf großen Geldmengen sitzen zu bleiben – geschweige denn, dass einen das steinreich machen könnte.

18

EINE DEMORALISIERTE GENERATION

„Dank der frühen 1930er-Jahre und des Verhaltens der Kapitalisten in den Tagen der Räuberbarone … waren die Aktiendividenden doppelt so hoch wie die Zinsen auf Anleihen. Das war eine wundervolle Zeit, um Aktien zu kaufen. Wir haben davon profitiert, dass andere Anleger von der vorigen Generation demoralisiert worden waren.“

Die Crashs der Jahre 1929 und 1932 dezimierten die Aktienkurse so stark, dass der Dow Jones Industrial Average bis 1954 brauchte, um auf sein Hoch von 1929 zurückzukehren. Viele Menschen verloren ihr gesamtes Vermögen. Dies machte Aktienanlagen für die allgemeine Anlegerschaft für fast 30 Jahre zu einem roten Tuch. Viele Unternehmen, deren Aktienkurse durch den Crash stark dezimiert worden waren, kehrten in den 1940er-Jahren in die Gewinnzone zurück, aber niemand war daran interessiert, ihre Aktien zu besitzen.

Um Anleger anzulocken, mussten die Unternehmen Dividenden bezahlen, die fast doppelt so hoch wie die Anleihezinsen waren. Charlie und Warren verdienten sich ihre ersten Investmentsporen mit dem Kauf solcher Unternehmen, die beträchtliche Dividenden ausschütteten und häufig zu Preisen gehandelt wurden, die unter ihrem Buchwert lagen. Als es Ende der 1950er- und Anfang der 1960er-Jahre wieder in Mode kam, in Aktien zu investieren, begannen die Kurse dieser Unternehmen zu steigen. Dies machte Charlie und Warren zu Multimillionären.

Ende der 1960er-Jahre begannen die Schnäppchen knapp zu werden und 1972 gab es so gut wie keine mehr. Durch die Hausse waren alle Aktien überteuert.

19

GEDULD

„Ich bin erfolgreich, weil ich eine lange Aufmerksamkeitsspanne habe."

Geduld ist eine Tugend und im Investment-Spiel außerdem ein Aktivposten. Die meisten Menschen meinen, das würde bedeuten, für alle Zeiten geduldig auf irgendeiner Anlage sitzen zu bleiben und darauf zu warten, dass ihr Wert steigt. In Charlies Welt bedeutet es auch, geduldig auf einem Berg Bargeld zu sitzen und darauf zu warten, dass der Aktienkurs irgendeines großartigen Unternehmens in die Knie gezwungen wird. Und es bedeutet, die Geduld zu haben, sich weiterhin auf die Suche nach einem großartigen Unternehmen zu konzentrieren, das zu einem angemessenen Preis gehandelt wird. Die Fähigkeit der intensiven Konzentration, die man benötigt, um Rechtsanwalt oder Arzt zu werden, ist die gleiche Fähigkeit, die man benötigt, um ein großartiger Anleger zu werden.

20

AKTIENKURSE

„Es ist eine bedauerliche Tatsache, dass es bei der Gesamtheit der Aktien zu großen, törichten Exzessen kommen kann. Zum Teil werden sie wie Anleihen bewertet, also anhand annähernd rationaler Prognosen des Nutzungswerts in Form der künftigen Cashproduktion. Zum Teil werden sie aber auch wie Gemälde von Rembrandt bewertet, die vor allem gekauft werden, weil ihre Preise bislang gestiegen sind."

Das ist sehr interessant und verrät mehrere grundlegende Denkprozesse, die Charlie so unglaublich reich gemacht haben.

Erstens der Abschnitt mit den Anleihen: Manche Unternehmen – nicht alle, nur manche – haben Geschäftsbereiche, die recht beständige Gewinne und ein recht beständiges Gewinnwachstum aufweisen. Charlie und Warren glauben, dass man die Aktien dieser speziellen Unternehmen bewerten kann wie Anleihen. Das heißt, wenn ein Unternehmen einen Dollar Gewinn pro Aktie erzielt und die Aktie zehn Dollar kostet, dann kann man behaupten, die Aktie sei wie eine Kapitalanleihe, die zehn Prozent Zinsen abwirft. Wenn der Gewinn des Unternehmens um fünf Prozent jährlich wächst, können unsere beiden Jungs behaupten, sie hätten einfach eine „Kapitalanleihe" gekauft, die zehn Prozent im Jahr abwirft und um fünf Prozent pro Jahr wächst. Sie stellen sie sich wie eine „Kapitalanleihe" mit steigendem Zinssatz vor, der im Laufe der Zeit den zugrunde liegenden Wert des Unternehmens und somit seinen Aktienkurs steigen lässt.

Der Vergleich mit einem Rembrandt bezieht sich auf die Tatsache, dass der Markt für Werke alter Meister von der Nachfrage gesteuert wird und dass die Nachfrage oft davon bestimmt wird, wie schnell die Verkaufspreise steigen oder fallen. Das Gleiche kann auch bei Aktien passieren: Eine schnell wachsende Aktie kann mehr Käufer anlocken und eine schnell fallende Aktie mehr Verkäufer. Wenn eine Blase der Anlagepreise platzt und sich die Nachfrage nach Kapitalinstrumenten in Luft auflöst, verkaufen die Menschen ihre Rembrandts und Aktien für das Geld, das sie eben noch dafür bekommen, weil sie dringend Bares brauchen. Für Charlie und Warren ist die Zeit, die „Kapitalanleihen" eines wunderbaren Unternehmens zu kaufen, dann gekommen, wenn alle anderen versuchen, ihre Rembrandts zu verkaufen.

21

DAS EBITDA

„Ich finde, jedes Mal wenn man die Abkürzung EBITDA sieht, sollte man sie durch das Wort ‚Blödsinnsgewinn' ersetzen."

EBITDA steht für „earnings before interest, taxes, depreciation, and amortization", zu Deutsch „Gewinn vor Zinsen, Steuern und Abschreibungen für materielle und immaterielle Vermögenswerte". Charlie betrachtet Zinsen, Abschreibungen und Steuern als sehr reale Aufwendungen, die bezahlt werden müssen. Zinsen und Steuern müssen im laufenden Jahr bezahlt werden. Abschreibungen sind Kosten, die zu einem späteren Zeitpunkt bezahlt werden müssen – beispielsweise wenn ein Werk und Anlagen irgendwann erneuert werden müssen. Diese Ersetzung verursacht Investitionskosten. Und Investitionskosten können ein ansonsten wirklich großartig aussehendes Unternehmen ruinieren. Laut Charlie landen wir, wenn wir den Gewinn eines Unternehmens anhand des EBITDA ermitteln, bei einer unrealistischen Sicht der tatsächlichen ökonomischen Eigenschaften des Unternehmens.

22

DIE GEFAHREN VON FINANZGESELLSCHAFTEN

„Wo es Komplexität gibt, da gibt es von Natur aus auch Betrug und Fehler. [...] Auf Finanzgesellschaften trifft das immer zu, auch auf solche, die von Staaten betrieben werden. Wenn man von Finanzgesellschaften korrekte Zahlen haben will, dann lebt man in der falschen Welt."

Wie komplex sind Finanzgesellschaften? Laut Charlie ist es so gut wie unmöglich, zu wissen, ob man in die Irre gegangen ist, bevor der Tag kommt, an dem ein Unternehmen zusammenbricht. Sehen Sie sich nur einmal Lehman Brothers an: In dem einen Jahr wird die Aktie zu 65 Dollar gehandelt und ist der Stolz der Wall Street; ein Jahr später ist das Unternehmen bankrott. Das Gleiche gilt für den Versicherungsgiganten AIG und die große Investmentbank Merrill Lynch: Im einen Jahr gelten sie als zwei der solidesten Finanzfirmen der Welt, im Jahr darauf betteln sie den Staat um Geld an.

Was macht Finanzunternehmen so komplex? Derivate machen es möglich, Risiken vor den prüfenden Augen von Regulierern und Investmentanalysten zu verbergen. Bei AIG war es unmöglich, die ganzen als Kreditausfallversicherungen fungierenden Credit Default Swaps zu erkennen, die es auf Subprime-Hypothekendarlehen vergeben hatte, denn es hatte nie Rücklagen gebildet, um seine etwaigen Verluste zu decken. Das bedeutet, dass die Risiken, denen sich das Unternehmen aussetzte, vor der

Anlegeröffentlichkeit verborgen waren. Man hätte den Jahresabschluss von Lehman Brothers hundertmal lesen können, ohne zu erkennen, dass es sich Hunderte Milliarden Dollar kurzfristig geliehen hatte und sie langfristig auslieh, um damit Subprime-Hypothekendarlehen zu finanzieren, die es dann als Sicherheiten einsetzte, um sich noch mehr Geld zu leihen. Eine Geschäftsbank mag vielleicht Derivate einsetzen, um eine massive Spekulation an den Devisenmärkten einzugehen. Die Rechnungslegungsvorschriften sind aber so geartet, dass es unmöglich wäre, diese Position exakt zu bestimmen – bis das Unternehmen mehrere Hundert Millionen Dollar Verlust macht und das in der Finanzpresse zu lesen ist. Charlies Regel in Bezug auf Finanzfirmen ist wirklich ganz einfach: Was von außen gut aussieht, kann im Inneren sehr faul sein.

23

SELBSTÜBERSCHÄTZUNG

„Intelligente Menschen sind nicht vor beruflichen Katastrophen aufgrund von Selbstüberschätzung gefeit.“

Damit bezieht sich Charlie auf den Zusammenbruch von Long-Term Capital Management, ein Hedgefonds, der Ende der 1990er-Jahre von John Meriwether gegründet worden war, einem berühmten Anleihehändler von der Wall Street. Meriwether brachte einige der klügsten Menschen von der Wall Street und aus der Welt der Wissenschaft zusammen, unter anderem Doktoren der Mathematik und der Ökonomie, darunter mehrere Nobelpreisträger. Diese brillanten Köpfe ersannen Strategien für die Anlage in Anleihen und Derivaten unter Einsatz gewaltiger Schuldenhebel, die ihnen – wenn sich die Dinge in ihrem Sinne entwickelt hätten – überdimensionale Gewinne auf das investierte Kapital ihrer Partner eingebracht hätten. Das Problem an dieser Strategie war, dass das Verlustpotenzial katastrophal war.

Meriwether dachte, das Unternehmen könne sich dadurch schützen, dass es eine Handelsstrategie anwandte, die Anleihespreads verwendet, also die historischen Zinsspannen zwischen sehr ähnlichen Anleihen – beispielsweise zwischen 2-jährigen Schatzanleihen, die im Januar, und solchen, die im März gehandelt wurden. Wenn der Spread zwischen Januar- und März-Anleihen im Verhältnis zum historischen Durchschnitt deutlich sank oder stieg, kaufte LTCM entweder die eine oder die andere und setzte darauf, dass sich zu irgendeinem künftigen Zeitpunkt diese Lücke wieder schließen würde – das tat sie immer, denn im Prinzip handelte es sich ja um die gleiche Anleihe.

Oft erzielte LTCM mit einem Trade ein Prozent Gewinn oder noch weniger. Das scheint nicht viel zu sein, aber wenn man ein Prozent mit den 124 Milliarden Dollar Kapital multipliziert, mit dem die Firma arbeitete, ergibt das einen Gewinn von 1,24 Milliarden Dollar. Wenn man das ein paarmal im Jahr macht, ergibt sich ein überdimensionaler Ertrag auf die Kapitalanlagen der Investoren von 4,7 Milliarden. Im zweiten Jahr bescherte Meriwether seinen Anlegern mit LTCM eine Rendite von 43 Prozent und im dritten von 41 Prozent.

Alles ging so lange gut, bis Russland die Welt überraschte, indem es – alles innerhalb einer Woche – seine Inlandsschulden nicht mehr zahlen konnte, den Rubel abwertete und die Zahlungen an ausländische Gläubiger aussetzte. Das versetzte den Anleihemarkt in Panik und alle Spreads von LTCM liefen in die falsche Richtung, was der Gesellschaft einen massiven Verlust bescherte. Als das passierte, wollten die Banken, die LTCM insgesamt 120 Milliarden Dollar geliehen hatten, entweder (1) mehr Sicherheiten oder (2) ihr Geld zurück, aber beides war nicht möglich. LTCM war buchstäblich über Nacht zahlungsunfähig geworden. Die Federal Reserve Bank of New York schritt ein und organisierte, dass eine Gruppe von Wall-Street-Banken die Kontrolle über LTCM übernahm. Dabei verloren die Anleger den größten Teil ihres Geldes.

Charlies Lektion besteht hier darin, dass die Kombination aus enorm klugen Menschen und langen Hebeln oft in einem Desaster endet. Ich könnte noch hinzufügen, dass die Kombination aus wirklich dummen Menschen und langen Hebeln gewöhnlich ebenfalls in einem Desaster endet.

24

VERMÖGENSVERWALTER

„Ich kenne einen Mann, der äußerst intelligent und ein sehr fähiger Anleger ist. Ich fragte ihn einmal: ‚Was sagst du deinen institutionellen Kunden eigentlich, welche Rendite du ihnen bringst?' Er antwortete: ‚20 Prozent.' Ich wollte es nicht glauben, denn er weiß, dass das unmöglich ist. Doch er erklärte mir: ‚Charlie, wenn ich ihnen eine kleinere Zahl nennen würde, dann würden sie mir kein Geld zum Anlegen geben!'"

Charlie hält die von Gebühren gesteuerte Anlageverwaltungsbranche für Wahnsinn, denn, wie er sagt: „Jeder will Vermögensverwalter sein, möglichst viel Geld auftreiben, wie verrückt mit den anderen handeln und dann einfach die Gebühren abschöpfen." Warum gehen sie so leichtsinnig mit unserem Geld um? Weil es nicht ihres ist! Nehmen wir einmal an, ich manage einen Hedgefonds; Sie geben mir Ihr Geld, damit ich es anlege, und ich verwende es, damit ich leichter Geld geliehen bekomme. Dann platziere ich Ihr Geld und das geliehene Geld in einer wirklich großen Wette. Wenn sie aufgeht, verdienen Sie einen Haufen Geld und ich verdiene einen Haufen Geld an Gebühren – eine Win-win-Situation. Aber wenn ich verliere, weinen nur Sie und die Bank – ich nicht. Für einen Hedgefonds ist das ein tolles Geschäftsmodell. Aber zuerst muss er ja an Ihr Geld kommen. Als Zweites muss er Ihr Geld im Griff behalten – er möchte nicht, dass Sie es wieder abziehen und woanders hingehen. Und wie macht er das?

Bei Hedgefonds gibt es zwei Regeln für das Beschaffen und das Behalten des Geldes. Die erste Regel: Versprich den Anlegern das Blaue vom Himmel, denn wenn der Hedgefonds nicht verspricht, einem eine Menge Geld zu bescheren, investiert man nicht bei ihm. Die zweite Regel: Ein Hedgefonds, der Ihr Geld konservativ anlegt, wird es nicht lange behalten, denn die Typen ein paar Häuser weiter haben gewürfelt, gewonnen und daher viel höhere Renditen vorzuweisen. Das bedeutet, dass Ihre Geldgier Sie in einem oder zwei Jahren dazu bringen wird, meinen unterdurchschnittlichen, konservativen Fonds zugunsten des Glücksspielers mit den hohen Schuldenhebeln ein paar Häuser weiter zu verlassen. Daher haben Hedgefonds keinen ökonomischen Vorteil davon, mit Ihrem Geld konservativ umzugehen. Es mag zwar sein, dass sie nach ein paar Jahren einen Großteil Ihres Geldes wieder verlieren, aber in diesem Fall gehen Sie einfach zum nächsten Highflyer und der Fondsmanager, der Ihr Geld verspielt hat, geht einfach hin und gründet einen neuen Fonds. Sie glauben mir nicht? Dann sehen Sie sich das mal an: Nachdem der berühmte Wall-Street-Händler John Meriwether 1998 Long-Term Capital Management in den Zusammenbruch geführt hatte, gründete er 1999 einen Fonds namens JWM Partners, den er acht Jahre lang erfolgreich betrieb. Dabei sammelte er drei Milliarden Dollar an verwaltetem Vermögen ein. Dann kostete ihn die Finanzkrise 44 Prozent des Fondsvermögens und er musste ihn dichtmachen. Im Jahr 2010 gründete er einen weiteren Fonds, JM Advisors.

Dank der ökonomischen Realitäten des Hedgefonds-Geschäftsmodells wäre es Wahnsinn, wenn die Hedgefonds etwas anderes täten, als lange Hebel einzusetzen und zu würfeln. Deshalb machen sie das natürlich alle. Doch verzagen Sie nicht, denn die Torheit, auf die sich diese Würfelspieler einlassen, liefert Leuten wie Charlie viele wunderbare Investmentgelegenheiten.

25
WARTEN

„Warten hilft einem als Anleger, aber viele Menschen halten es einfach nicht aus, zu warten."

Blaise Pascal, der französische Mathematiker aus dem 17. Jahrhundert, hat einmal gesagt: „Alle Probleme der Menschheit rühren daher, dass der Mensch nicht in der Lage ist, ruhig allein in einem Zimmer zu sitzen." Charlie ist auch dieser Meinung. Man muss auf das richtige Unternehmen warten – eines mit einem dauerhaften Wettbewerbsvorteil –, das zum richtigen Preis verkauft wird. Und wenn Charlie vom Warten spricht, dann meint er damit, dass man so lange wartet, wie es eben dauert, und das können Jahre sein. Warren stieg Ende der 1960er-Jahre aus der Börse aus und wartete fünf Jahre, bis er wieder etwas fand, dessen Kauf ihn interessierte. Ende der 1990er-Jahre, im Zuge der Internetblase, gaben Charlie und Warren die Hoffnung auf, am Aktienmarkt etwas Kaufenswertes zu finden, und erst 2003 fanden sie wieder attraktive Aktien. Doch den meisten Anlegern fällt es nicht leicht, zu warten. Das gilt auch für die Manager von Investmentfonds und Hedgefonds. Sie stehen unter dem Druck, Quartalsergebnisse vorzulegen, sodass es für sie nicht infrage kommt, mehrere Jahre abzuwarten, bis sie wieder etwas Gutes finden, das sie kaufen können.

Warten muss man aber nicht nur darauf, dass man etwas Kaufenswertes findet. Nachdem man eine Aktie gekauft hat, muss man darauf warten, dass die wirtschaftlichen Voraussetzungen des Unternehmens zu Wachstum führen und seinen Aktienkurs befeuern. Wenn Charlie und Warren erklären, dass sie beabsichtigen, ein Investment für immer zu behalten, dann meinen sie auch „für immer"! Wer an der Wall Street würde je eine solche Aussage tätigen? Das ist einer der Gründe, weshalb sich Charlie und Warren nie Sorgen darum machen, dass jemand ihren Anlagestil nachahmt – denn keine andere Institution und keine andere Person besitzt genug Disziplin oder Geduld, um so lange zu warten, wie die beiden es können.

26

STEUERVERGÜNSTIGUNGEN

„Was die geschäftlichen Fehler angeht, die ich in einem langen Leben gesehen habe, würde ich sagen, dass der Versuch, Steuern zu minimieren, eine der großen Standardursachen wirklich dummer Fehler ist. [...] Immer wenn Ihnen jemand ab dem jetzigen Zeitpunkt in Ihrem Leben eine steuerliche Vergünstigung anbietet, rate ich Ihnen, nicht darauf hereinzufallen."

Charlie hat schon unglaubliche Fehler der Urteilsfähigkeit in Sachen Finanzanlagen erlebt, denn manche Menschen achten mehr darauf, keine Steuern zu zahlen, als darauf, Gewinn zu machen. Sie investieren in Steuervergünstigungen, die vielleicht der Steuervermeidung dienen, aber in Wirklichkeit fürchterlich schlechte Geschäfte sind, denn viele bringen am Ende mehr Verlust ein, als sie ihren Besitzern an Steuern erspart haben. Charlie und Warren haben ihr Investment in Berkshire Hathaway so organisiert, dass es eine Art legales Steuerschlupfloch darstellt. Das erreichen sie dadurch, dass das Unternehmen niemals Dividenden ausschüttet und so die Versteuerung der Dividende vermeidet, und indem sie ihre Berkshire-Aktien 50 Jahre lang behalten. Dadurch konnten sich die Gewinne innerhalb von Berkshire ansammeln. Und sie haben die aufgelaufenen Gewinne genutzt, um das Unternehmen durch die Übernahme anderer Unternehmen auszubauen. Sie müssen auf ihre Berkshire-Beteiligungen nur ein einziges Mal Steuern bezahlen, nämlich dann, wenn sie ihre Aktien verkaufen. Und Warren wird niemals auch nur einen Cent Steuern darauf zahlen müssen, denn sein gesamtes Geld fließt in eine gemeinnützige Stiftung. Warum sollten sich Charlie oder Warren jemals eine steuerliche Vergünstigung erwerben, wo sie doch Berkshire Hathaway haben, das ultimative Vehikel zur Vermeidung oder zum Aufschieben von Steuerzahlungen?

27
PROBLEME DURCHSTEHEN

„Ein sehr selten auftretendes isoliertes Beispiel ist viel leichter zu ertragen als ein niemals endendes Meer des Elends."

Hier spricht Charlie von dem Unterschied zwischen einem hervorragenden Unternehmen, das in einer Zeitspanne von 20 Jahren vielleicht ein paarmal mit einem bedeutenden Problem konfrontiert ist, und einem mittelmäßigen Unternehmen, das sich womöglich Jahr für Jahr von einem Problem zum nächsten hangelt. Ein perfektes Beispiel für ein „hervorragendes Unternehmen" ist die Coca-Cola Company. In den vergangenen 50 Jahren hat Coca-Cola zweimal Mist gebaut – als es ins Filmgeschäft einstieg und als es das Rezept seines Vorzeigeprodukts änderte und New Coke herausbrachte. Beide Probleme löste es, indem es sie loswurde. Perfekte Beispiele für mittelmäßige Unternehmen, die sich von einem Problem zum nächsten hangeln, sind Fluggesellschaften – sie haben Probleme mit den Gewerkschaften und mit den Treibstoffpreisen und ihre Branche konkurriert über die Preise.

Dieser weise Spruch lässt sich auch auf unser persönliches Leben anwenden. Es ist nämlich viel leichter, einen kurzen Augenblick des intensiven Schmerzes auszuhalten, als ein Elend zu ertragen, das Jahr für Jahr an einem zehrt.

28
ÜBERRASCHUNGEN

„Mit angenehmen Überraschungen kommt man gut zurecht. Ärger machen nur die unangenehmen Überraschungen.“

Seien Sie auf das Schlimmste gefasst und hoffen Sie auf das Beste. Es ist immer klug, auf das Schlimmste gefasst zu sein. Benjamin Grahams „Sicherheitsmarge“ wurde erdacht, um uns vor dem Schlimmsten zu bewahren. Was Aktien angeht, beurteilt Charlie die Sicherheitsmarge hinsichtlich des Preises und hinsichtlich der Qualität – je niedriger der Preis, umso größer die Sicherheitsmarge; je höher die Qualität des Unternehmens, umso größer die Sicherheitsmarge. Steigt der Preis, löst sich die Sicherheitsmarge nach und nach auf. Büßt das Unternehmen an Qualität ein, schrumpft die Sicherheitsmarge. Wenn wir ein hochwertiges Unternehmen zum richtigen Preis kaufen, bewahrt uns die Sicherheitsmarge vor langfristigen Verlusten. Später beschert uns die hohe Qualität des Unternehmens dann viele profitable Überraschungen, denn das Unternehmen wächst weiter, entweder intern oder durch Übernahmen.

29

DIE CHANCEN EINSCHÄTZEN

„Tun Sie nur etwas, wenn Sie im Vorteil sind – Sie müssen die Chancen einschätzen können und diszipliniert genug sein, um nur dann zu setzen, wenn die Chancen zu Ihren Gunsten stehen."

Hier wird es kontraintuitiv. Um diesen Ratschlag zu verstehen, brauchen Sie ein bisschen „Charlie-Geschichte". Ende der 1960er-Jahre besaßen Charlie und Warren ihre eigenen Hedgefonds. Als Ende der 1960er-Jahre die Hausse rasant weiterging, waren alle Aktien überbewertet und Warren, der damals noch Grahams Ansatz verfolgte, Schnäppchen zu kaufen, fand keine billigen Aktien mehr, die er kaufen konnte. Anstatt seine Anlagestrategie zu ändern, schloss Warren seinen Hedgefonds und gab seinen Gesellschaftern das Geld zurück. Den Großteil seines eigenen Geldes steckte er in Bargeldäquivalente wie etwa US-Schatzwechsel.

Charlie investierte weiter und erfreute sich bis zum Börsencrash 1973/1974 großartiger Renditen, dann verlor er fast die Hälfte des Geldes seiner Gesellschafter. Er bezeichnete das als schlimmste Zeit seines Lebens. Warren, der auf einem riesigen Batzen Geld saß, weil im Vorfeld des Crashs alle Aktien überteuert waren, sah sich plötzlich von Dutzenden wunderbarer Unternehmen umringt, die zu Spottpreisen verkauft wurden. Da Warren in Bargeld schwamm, konnte er sie kaufen. Da Charlie kein Bargeld hatte, konnte er sie nicht kaufen. Als sich der Aktienmarkt wieder erholte, erholten sich auch Charlies Investments und er glich die Verluste seiner Partner wieder aus. Trotzdem setzte ihm diese Erfahrung derart zu, dass er seinen Fonds schloss.

Und was hat Charlie aus alledem gelernt? Er hat gelernt, dass sich die Chancen zuungunsten der Anleger verschieben, wenn die Aktienkurse steigen. Und wenn die Preise fallen, verschieben sich die Chancen zugunsten der Anleger. Auch hat er daraus gelernt, dass er, wenn er bei steigendem Markt vollständig investiert ist, kein Geld zum Investieren hat, wenn der Markt crasht. Es ist egal, wie gut die Chancen stehen; wenn man kein Geld hat, das man einsetzen kann, wird man keinen roten Heller verdienen.

30

EIN PAAR GUTE UNTERNEHMEN

„Wenn man eine Aktie kauft, weil sie unterbewertet ist, muss man über den Verkauf nachdenken, wenn sie sich dem berechneten inneren Wert nähert. Das ist hart. Aber wenn man ein paar großartige Unternehmen kaufen kann, dann kann man die Füße stillhalten. Und das ist gut."

Diesen Punkt haben wir zwar schon einmal angesprochen, aber er ist so wichtig, dass wir uns noch einmal damit befassen.

Bei Benjamin Grahams alter Methode, unterbewertete Aktien zu kaufen, musste man als Anleger eine Bewertung des Unternehmens vornehmen und es verkaufen, wenn es diesen Wert erreichte. Diese Methode schlägt fehl, weil man dabei nicht nur mittelmäßige Unternehmen verkaufen muss, die sich ihrer Bewertung nähern, sondern auch großartige Unternehmen, die einen nachhaltigen Wettbewerbsvorteil haben – dadurch macht man sämtliche Chancen zunichte, von der Wertsteigerung eines Unternehmens zu profitieren, die im Laufe der Zeit stattfindet.

Charlie und Warren vertreten die Theorie, dass ein Unternehmen mit dauerhaftem Wettbewerbsvorteil über geschäftliche Eckdaten verfügt, die den zugrunde liegenden Wert des Unternehmens im Laufe der Zeit vergrößern, und dass der Wert des Unternehmens umso mehr wachsen wird, je mehr Zeit vergeht. Das heißt, wenn man einmal gekauft hat, ist es am klügsten, so lange wie möglich auf den Investments sitzen zu bleiben, denn je länger man das Unternehmen besitzt, umso mehr steigt sein Wert, und je mehr sein Wert steigt, umso reicher wird man.

Am besten sieht man das an Berkshire Hathaway, das in den letzten 50 Jahren zu verschiedensten Bewertungen gehandelt wurde: Anfang der 1970er-Jahre unter dem Buchwert, Ende der 1990er-Jahre fast zum doppelten Buchwert – und alles Mögliche dazwischen. Wenn man es unter dem Buchwert gekauft und zum doppelten Buchwert verkauft hätte, dann hätte man zwar gutes Geld verdient, aber die gigantischen Kursbewegungen verpasst, die Berkshire von 2000 bis 2016 vollzog, als sich sein Wert mehr als verdreifachte. Wenn man das richtige Unternehmen herauspickt, dann zahlt es sich wirklich aus, wie Charlie sagt, die Füße stillzuhalten.

31

EIN UNTERNEHMEN BESITZEN

„Betrachten Sie eine Aktie als Besitzanteil am Unternehmen und beurteilen Sie das Durchhaltevermögen des Unternehmens anhand seines Wettbewerbsvorteils.“

Benjamin Graham, der Urvater des Value-Investings, sah Aktienbesitz als Besitz eines Unternehmensanteils an. Wenn man die Geldanlage unter dem Gesichtspunkt betrachtet, dass man eine Beteiligung an einem Unternehmen kauft, kann man ermitteln, ob man es zum Angebotspreis bekommt oder zu viel dafür bezahlt. Charlie rechnet sich als Erstes aus, was ein Unternehmen insgesamt kostet, indem er den Aktienkurs mit der Anzahl der umlaufenden Aktien multipliziert. Zum Beispiel ergibt eine Aktie, die sechs Dollar kostet, multipliziert mit einer Million umlaufender Aktien einen Marktwert des gesamten Unternehmens von sechs Millionen Dollar. Dann fragt er sich, was das Unternehmen aus langfristiger Sicht als Wirtschaftsbetrieb wert ist. Ist das Unternehmen viel mehr wert als seine Marktkapitalisierung, ist es ein potenzieller Kauf. Ist es weniger wert, lässt er es zwar sein, aber wenn es einen „nachhaltigen Wettbewerbsvorteil“ hat, behält er es in der Hoffnung im Auge, dass es eines Tages zum Spottpreis oder zum fairen Preis gehandelt wird.

Ein Unternehmen mit nachhaltigem Wettbewerbsvorteil zu finden bedeutet, dass man ermittelt, ob es Durchhaltevermögen besitzt. Wenn man vorhat, ein Unternehmen zu kaufen und es 20 Jahre lang zu behalten, will man ja nicht, dass das Produkt, das es verkauft, in fünf Jahren überholt ist. Berkshire hat viele seiner Investitionen in Unternehmen getätigt, die seit 50 oder noch mehr Jahren das gleiche Produkt herstellen oder die gleiche Dienstleistung bereitstellen. Tatsächlich verkaufen die meisten wundervollen Unternehmen, die Charlie und Warren besitzen – etwa Coca-Cola Company, Wells Fargo Bank, American Express, Swiss Re, Wrigley's Gum, Kraft Foods und vor der Übernahme sogar Anheuser-Busch –, seit über hundert Jahren das gleiche Produkt oder die gleiche Dienstleistung! Bei wirklich großartigen Unternehmen ist die Zeit fast immer auf der Seite des Anlegers.

32

DIE REALITÄT AKZEPTIEREN

„Ich finde, man sollte die Realität auch dann akzeptieren, wenn sie einem nicht gefällt; eigentlich vor allem dann, wenn sie einem nicht gefällt."

Mit der Realität, von der Charlie hier spricht, haben wir es dann zu tun, wenn ein heiß geliebtes Investment ein neues Reich der ökonomischen Realität betritt – das heißt, die zugrunde liegenden ökonomischen Gegebenheiten des Unternehmens haben sich so sehr geändert, dass das einst großartige Unternehmen nicht mehr so wundervoll ist. Berkshire passiert das regelmäßig mit seinen Versicherungsgesellschaften. In der Rückversicherungsbranche führen Überkapazitäten dazu, dass zu viel Geld zu wenigen Geschäftsabschlüssen nachläuft. Daraus ergeben sich niedrigere Preise, was bedeutet, dass Berkshire an der Rückversicherung von Risiken weniger verdient. Die meisten Rückversicherer akzeptieren diese Realität nicht und verkaufen einfach weiterhin Rückversicherungspolicen – auch wenn sie daran kaum noch Geld verdienen. Berkshire hingegen hört in diesem Fall einfach auf, Rückversicherungen zu verkaufen, und steigt erst dann wieder in das Spiel ein, wenn die Preise wieder steigen. Dadurch ist Berkshire zu einem der größten und profitabelsten Rückversicherungskonzerne der Welt geworden.

33

NICHT DUMM SEIN

„Es ist bemerkenswert, wie viel auf den langfristigen Vorteil abzielende Menschen wie wir dadurch eingefahren haben, dass wir konsequent versuchen, nicht dumm zu sein anstatt sehr intelligent zu sein. Es steckt wohl einige Weisheit in dem volkstümlichen Sprichwort: ‚Meistens ertrinken die besten Schwimmer.'"

Gute Schwimmer sind diejenigen, die weit hinausschwimmen und sich dadurch womöglich in Schwierigkeiten bringen. Die schlechteren Schwimmer bleiben nahe am Ufer, wo es ungefährlich ist. Im Investmentspiel setzen hochintelligente, mathematisch orientierte „Quants" enorm komplizierte Handelsmodelle ein, mit denen sie sich in Schwierigkeiten bringen. Charlie interessiert sich nicht für komplexe mathematische Modelle und Handelsstrategien, die von Doktoren an der Wall Street eingesetzt werden, um die kurzfristigen Schwankungen des Aktienmarkts auszunutzen. Ganz im Gegenteil: Ihn interessiert eine einfache Anlagestrategie, die es ihm ermöglicht, langfristig überlegene Ergebnisse vorzuweisen – und die Grundlage dafür ist, nichts Dummes zu tun. Dumm sein bedeutet für Charlie, dass man für ein Unternehmen mehr ausgibt, als man dadurch an Wert bekommt.

34

GELEGENHEIT

„Gelegentlich bekommt man die Gelegenheit, in ein wundervolles Unternehmen einzusteigen, das von einem wundervollen Manager geleitet wird. Das ist dann natürlich ein paradiesischer Tag."

Charlie hält es für einen großen Fehler, nicht wie verrückt zu kaufen, wenn man die Gelegenheit bekommt, ein Unternehmen mit riesengroßem Potenzial zu erwerben. Das Problem daran ist, dass man zu diesem Zweck dann kaufen muss, wenn der Aktienmarkt abtaucht, und dass dies den meisten Menschen sehr schwerfällt. Warum? Weil sie sehen, dass andere Anleger Verlust machen, und ihnen das Angst macht, sodass sie vorsichtig werden. Die Gelegenheit liegt direkt vor ihren Augen, aber sie haben zu viel Angst davor, zu investieren.

Oder die Menschen haben zum richtigen Kaufzeitpunkt kein verfügbares Geld. Die meisten Investmentfonds sind voll investiert. Sie haben kein Bares und das liegt daran, dass ihnen die Kunden weglaufen, wenn der Markt steigt und sie nicht voll investiert sind, sodass die Cashkomponente ihre Rendite drückt.

Dann taucht der Markt ab, der Fondsmanager wird panisch und selbst wenn er kaufen wollte, hätte er das Geld dafür nicht. Da sich alle anderen auf demselben sinkenden Schiff aufhalten, steht der Fondsmanager aber nicht schlechter da als der Rest der Masse – allerdings schlechter als Charlie und Warren, die sich ausgerechnet haben, dass das Schiff in Wirklichkeit nicht sinken wird und jetzt die Zeit zu kaufen gekommen ist.

35

DIE ZUKUNFT VON BERKSHIRE HATHAWAY

„Als ich nach Kalifornien zog, gab es diesen Playboy, der die ganze Zeit viel trank und Filmstars nachlief. Sein Bankberater bestellte ihn zu einem Termin ein und erklärte ihm, er sei wegen seines Verhaltens sehr beunruhigt. Der Mann entgegnete dem Banker: ‚Ich sage Ihnen mal was: Meine öffentlichen Anleihen trinken keinen Alkohol.'"

Mit dieser Anekdote will uns Charlie sagen, dass Berkshire Hathaway eine Sammlung außerordentlicher Unternehmen besitzt, handverlesen durch Charlie und Warren wegen ihrer überlegenen ökonomischen Eigenschaften und geleitet von brillanten Managern. Sie werden Berkshire auch dann noch gutes Geld einbringen, wenn er und Warren schon lange von Bord gegangen und zur großen Hausse im Himmel weitergereist sind.

36

FINANZ-DEMENZ

„Bezüglich der Finanzen gibt es mehr Demenz als bezüglich Sex.“

Sehr wahr. Die Finanzkatastrophen von heute werden in ein, zwei Jahren vollkommen vergessen sein. Das ist wahrscheinlich der Tatsache geschuldet, dass in der Investmentbranche das Geld damit verdient wird, dass man auf die Zukunft baut, und nicht damit, dass man über die Vergangenheit jammert. Deshalb sind die meisten Finanzinstitutionen dazu verdammt, die Torheiten vom letzten Jahr zu wiederholen.

Charlie durchschaut das und verwendet den Aktienkurs als Anhaltspunkt, um sich in den Spätphasen von Haussen mit großen Cashreserven zu positionieren – in Vorwegnahme der bevorstehenden Implosion und der Kaufgelegenheiten, die sich dadurch bieten werden. Er braucht nicht vorherzusehen, wann die Implosion stattfinden wird. Es reicht, dass er bereit ist, mehrere Jahre auf den Kursverfall zu warten. Die Bewertungskomponente hält ihn davon ab, Aktien zu kaufen, während die Kurse immer weiter steigen – was bedeutet, dass sich bei Berkshire Bargeld ansammelt. Er hat es aufgegeben, die Spätphasen von Haussen auszunutzen, damit er sich für Käufe im großen Stil positionieren kann, wenn der Zusammenbruch kommt. Die gigantischen Fonds können das nicht machen. Wenn ihnen die Gewinne der Spätphase einer Hausse entgehen, bringen ihre Kunden ihr Geld woandershin.

Ich erinnere mich daran, dass ich mir 1998 auf der Jahreshauptversammlung von Berkshire Hathaway eine Aktionärsfrage nach der anderen anhörte, weshalb Charlie und Warren nicht investierten – alles stieg. Sie saßen da und sagten immer und immer wieder, die Aktienkurse seien zu hoch. Als dann im Jahr 2000 der Einbruch kam und alle eilig in Deckung gingen, waren sie so positioniert, dass sie im großen Stil kaufen konnten. Exakt das Gleiche taten sie im Jahr 2008. Woher weiß man, wann der Aktienmarkt zu hoch steht? Wenn die Finanzpresse anfängt, Artikel darüber zu bringen, Charlie und Warren hätten ihr goldenes Händchen verloren.

37
UNTERNEHMENSBEWERTUNGEN

„Wenn sich die Menschen nicht so oft irren würden, wären wir nicht so reich."

Anleger irren sich bezüglich der Bewertung von Unternehmen häufig. Meistens meinen sie, ein Unternehmen sei viel mehr wert als das, was es jemals an Gewinn erwirtschaften wird. Doch das bringt uns nichts. Es bringt uns hingegen etwas, wenn das genaue Gegenteil der Fall ist, also wenn sie meinen, ein Unternehmen sei weit weniger wert, als seine langfristigen wirtschaftlichen Kennzahlen andeuten, und sie es daher nach unten fehlpreisen. Diese Fehlpreisung nach unten verschafft Charlie seine Kaufgelegenheiten. Und die Masse der Anleger erzeugt sie etwa alle acht bis zehn Jahre im großen Stil.

Wenn Sie sehen wollen, wann sich der Markt mit seinen Bewertungen grob täuschte und Charlie und Warren diese Situation ausnutzten, schauen Sie sich die großen Rezessionen und Börsencrashs der letzten 50 Jahre an. Der Kursrutsch unter Kennedy im Jahr 1962 bescherte Warren die Kaufgelegenheit für Berkshire Hathaway. Der Börsencrash 1973/1974 verschaffte ihm die Kaufgelegenheit für die *Washington Post.* Als Paul Volcker, der Vorsitzende der Federal Reserve, die Zinsen von 1978 bis 1980 auf 14 Prozent erhöhte, was für die Börse tödlich war, kaufte Berkshire fleißig General Foods, R. J. Reynolds und die Times Mirror Company. Der Börsencrash im Oktober 1987 verschaffte Berkshire die Gelegenheit, mit dem Kauf von Coca-Cola-Aktien zu beginnen. Die Bankenrezession 1990 bescherte Berkshire die Chance, mit dem Kauf von Wells Fargo zu beginnen. Ende der 1990er-Jahre führte die Internetblase dazu, dass die Aktienkurse stiegen, aber niemand wollte die altmodischen herkömmlichen Unternehmen haben. Berkshire kaufte Star Furniture, Dairy Queen, General Re und NetJets. Als im Jahr 2001 die Internetblase platzte und der 11. September den Aktienmarkt in die Knie zwang, kaufte Berkshire seine Positionen in H&R Block und Moody's Corporation. Das Subprime-Fiasko der Jahre 2007 bis 2009 und der darauf folgende Börsencrash bereiteten die Bühne dafür, dass Berkshire Vorzugsaktien beziehungsweise Anleihen von GE, Harley-Davidson, Bank of America und Goldman Sachs kaufte. Und im Jahr 2010, als sich der Aktienmarkt wieder zu erholen begann, kaufte Berkshire Aktien von Burlington Northern Railroad, die im Zuge des Crashs 2007 bis 2009 abgestraft worden waren. Warum lagen alle anderen Anleger falsch? Sie waren kurzsichtig und wurden panisch, während Charlie und Warren ihr langfristiges Spiel spielten und genau wussten, wonach sie suchten.

38

DAS SCHWIERIGSTE DARAN IST DAS WARTEN

„Man muss sehr geduldig sein, man muss abwarten, bis etwas daherkommt, was sich zu dem Preis, den man bezahlt, aufdrängt. Es läuft der menschlichen Natur zuwider, einfach den ganzen Tag untätig dazusitzen und zu warten. Für uns ist das leicht, denn wir haben eine Menge andere Dinge zu tun. Aber können Sie sich vorstellen, dass ein ganz normaler Mensch fünf Jahre lang dasitzt und nichts tut? Man fühlt sich nicht aktiv, man fühlt sich nicht nützlich und deshalb tut man etwas Dummes."

Wir haben bereits über Charlies Ansichten über Geduld gesprochen. Doch nur für den Fall, dass es unter Ihnen den einen oder anderen ungläubigen Thomas gibt, möchte ich, dass Sie noch Charlies Aussage zu diesem Thema vom 2014 Daily Journal Annual Meeting lesen. Diese wichtige Aussage hilft bei der Erklärung eines der letzten großen Mysterien von Charlies Gleichung für die Schaffung fabelhaften Wohlstands. Und glauben Sie mir, wenn ich Ihnen sage, dass unter den 40.000 Menschen, die zu der Jahreshauptversammlung von Berkshire Hathaway gehen und unter denen Tausende von Investmentprofis sind, vielleicht zehn Menschen diesen Ratschlag wirklich verstehen und in der Lage sind, ihn in die Praxis umzusetzen. Deshalb möchte ich ihn Zeile für Zeile durcharbeiten, um alle seine Nuancen herauszuarbeiten. Denn wenn Sie aus diesem Buch irgendetwas mitnehmen, dann das: welch großen Wert Charlie auf Geduld legt.

Die meisten Anleger sind ungeduldig. Deswegen scheitern sie schon am Start. Warum? Weil Aktien fast immer zu Preisen verkauft werden, die weit über ihrem langfristigen inneren Wert liegen. Das liegt in der Natur der Sache. Wenn Sie eines Morgens mit dem Entschluss aufwachen, Ihr Geld anzulegen, stehen Ihre Chancen darauf, dass Sie ein Investment finden, das Charlies Anforderungen genügen würde, fast gleich null. Also geben Sie sich mit etwas Schlechterem zufrieden, obwohl sie etwas Besseres hätten bekommen können, wenn Sie einfach abgewartet hätten. Und Charlie bezeichnet das als leicht, weil man für das Warten niemanden zu bezahlen braucht.

Charlies Ansatz läuft der menschlichen Natur zuwider, aber gerade das sollte einem sagen, dass er eine gewinnbringende Anlagestrategie ist. Denn erstens besteht eine der erfolgreichsten Anlagestrategien darin, antizyklisch zu investieren – also in die entgegengesetzte Richtung zu laufen und dann zu kaufen, wenn die anderen verkaufen. Wenn man nicht in Eile ist, stellt man sich gegen alle, die in Eile sind, und das sind so ziemlich alle anderen auf dieser Welt.

Sie müssen sich das folgendermaßen vorstellen: Charlie ist nicht auf der Suche nach einer Geldanlage, sondern er wartet darauf, dass die richtige langfristige Geldanlage – zum richtigen Preis – zu ihm kommt. Ja, er hält seine Augen weit offen, damit er sie auf jeden Fall sieht, wenn sie daherkommt. Deshalb liest er viel, damit er sie auf jeden Fall sieht, wenn sie auftaucht. Doch wenn sie nicht auftaucht, liest er einfach weiter. Ob das schwer ist? Stellen Sie sich vor, Sie gehen zu einem Anlageberater und er erklärt Ihnen, es könnte bis zu fünf Jahre dauern, die richtige Anlage zu finden. Die meisten Menschen würden dann gleich wieder aufstehen und sich einen anderen Anlageberater suchen. Es liegt wirklich nicht in der Natur der Menschen, zu warten, und das ist der Vorteil, den Charlie gegenüber uns allen hat.

Da die meisten Menschen in Eile sind, da sie nicht sein können wie Charlie und fünf Jahre darauf warten können, dass das richtige langfristige Investment – zum richtigen Preis – auftaucht, und da Aktien die meiste Zeit zu Preisen gehandelt werden, die über ihren inneren Wert hinausgehen, bezahlen die meisten Anleger am Ende zu viel für die Aktien, die sie kaufen. Deshalb stelle ich Ihnen diese Frage: Gehören Sie zu den 99 Prozent der Anleger, die es eilig haben und zu viel für ihre Investments bezahlen? Oder gehören Sie zu Charlies Klub des einen Prozents, das genug Geduld besitzt, um nötigenfalls fünf Jahre zu warten, bis sie das richtige langfristige Investment zum richtigen Preis finden?

39

ZUSCHLAGEN

„Traditionell schlagen wir zu, wenn die Lage wirklich schrecklich ist und es sonst niemand tut."

Wie in diesem Buch schon wiederholt erklärt, kann Charlie dies nur dann tun, wenn er auf einem Haufen Bargeld sitzt, während er darauf wartet, aus einer finanziellen Misere Vorteil zu ziehen. Der Grund, weshalb andere Anleger nicht einsteigen, ist, dass sie kein Geld haben, um sich irgendetwas zu kaufen. Die meisten Investmentfonds sind zu hundert Prozent an der Börse investiert. Weshalb? Weil Cash nur eine geringe Rendite bietet und es der Fondsperformance massiv schaden kann, viel Cash vorzuhalten.

Es gibt auch Fonds, die sich Geld leihen, was bedeutet, dass sie zu mehr als hundert Prozent investiert sind. Sie leihen sich das Geld, um die Rendite des Anlagekapitals zu steigern, was dem Fondsmanager auch höhere Gebühren beschert. Das heißt, wenn es mit dem Markt abwärts geht, machen voll investierte Fonds Verluste, vor allem Fonds mit Schuldenhebel, und zwar große Verluste. Bei einem Börsencrash müssen offene Fonds, bei denen die Anleger täglich Geld anlegen oder zurücknehmen, nicht nur zusehen, wie der Wert ihrer Portfolios schrumpft, sondern auch, wie Anleger ihr Geld in der Größenordnung von Hunderten Millionen aus dem Fonds abziehen.

Unter dem Strich bedeutet dies, dass solche Institutionen – Investmentfonds, Hedgefonds und so weiter – in einer Baisse nicht in der Lage sind zu kaufen. Und so fallen die niedrig hängenden Früchte Leuten wie Charlie und Warren zu.

40

AKADEMISCHES HEXENWERK

„Im Großen und Ganzen halte ich nicht allzu viel von Professoren für Finanzwissenschaften. Auf diesem Gebiet ist Hexerei im Spiel."

Das große Problem an Professoren für Finanzwissenschaften – außer dass sie nach der Mittelmäßigkeit der Diversifizierung süchtig sind – ist, dass sie die Theorie der Markteffizienz predigen. Im Prinzip besagt diese Theorie, dass der Markt effizient ist, dass ihn deshalb niemand schlagen kann und dass wir alle deshalb zu durchschnittlichen Ergebnissen verdammt sind. Dabei entgeht den Finanzwissenschafts-Professoren völlig, dass aus langfristiger Perspektive einzelne Unternehmen Augenblicke der Ineffizienz erleben, in denen der kurzsichtige „effiziente" Aktienmarkt sie im Verhältnis zu ihren langfristigen Wirtschaftsdaten falsch bewertet. Da sich die Professoren im Gegensatz zu Charlie nie mit Populationsbiologie befasst haben, tun sie sich schwer damit, zu verstehen, dass eine Vielzahl von Ausbeutungsstrategien so sehr miteinander interagieren können, dass die Effizienz der einen zu Ineffizienz bei einer anderen führen kann.

Lassen Sie mich dazu ein Beispiel anführen: Der Aktienmarkt gerät in Panik, weil sich am Horizont dunkle Wolken abzeichnen, die meisten Anleger flüchten in die Sicherheit des Bargelds und dies drückt die Aktienkurse nach unten. Aus kurzsichtiger Perspektive reagiert der Markt effizient auf die vorliegende Information. Eine Ineffizienz kann dann auftreten, wenn die Anleger zum Ausgang hasten und dadurch die Aktienkurse drücken, denn das kann zu einer Fehlpreisung nach unten im Verhältnis zum langfristigen ökonomischen Wert eines Unternehmens führen: Wieso bewertet der Markt Aktien falsch? Entweder ist ihm im Augenblick der Panik der langfristige Wert des Unternehmens egal oder er sieht den langfristigen Wert schlicht nicht oder beides. Das passierte mit Coca-Cola und Wells Fargo, als Charlie und Warren sie kauften.

Im Laufe der Jahre haben Charlie und Warren ihre Strategie dahingehend ausgefeilt, dass sie große Reserven bereitliegenden Bargelds beinhaltet und nur auf Unternehmen abzielt, die einen nachhaltigen Wettbewerbsvorteil haben. Jedoch ist ihre langfristige Ausnutzungsstrategie vollständig darauf angewiesen, dass der kurzsichtige Aktienmarkt effizient funktioniert und aus langfristiger Sicht kurze Augenblicke der Ineffizienz erzeugt. Auf diese Art schlägt Charlie das Gesetz des Durchschnitts und widerlegt die Finanzwissenschafts-Professoren und ihre Finanz-Zauberformeln.

41

GIERIGE BANKER

„Die Vergabe von Hypothekendarlehen wurde zu einer schmutzigen Art, Geld zu verdienen. Man nimmt Menschen, die mit Darlehen nicht umgehen können, und versucht sehr hohe Renditen daraus zu ziehen, dass man ihre Dummheit missbraucht und ihr Vorschub leistet – das ist nicht die Art, auf die ich mit einer Bank Geld verdienen will. Man sollte versuchen, dadurch Geld zu verdienen, dass man den Menschen Dinge verkauft, die für den Kunden gut sind.“

In früheren Zeiten hatten Banken die Darlehen für Eigenheime in ihren eigenen Büchern stehen und waren deshalb sehr vorsichtig damit, wem sie Geld liehen. Doch dann veränderte sich das Geschäftsmodell und die Banken fingen an, die von ihnen vergebenen Hypothekenkredite anderen Gesellschaften zu verkaufen. Es kam nicht mehr darauf an, wem sie Geld liehen, denn sie verkauften das Darlehen ja gleich nach der Vergabe. Das Spiel hieß nun: Je mehr Hypothekendarlehen die Bank vergab, umso mehr Geld verdiente sie. Und wenn ein Hausbesitzer nicht mehr bezahlen konnte, wen kümmerte es? Die Bank war aus der Gleichung raus. Auf diese Art verwandelte sich das Bankwesen von einem langweiligen Geschäft mit langweiligen Gehältern in ein aufregendes Geschäft mit unverschämten Gehältern.

42

GELDANLAGE IN BANKEN

„Ich finde, niemand sollte eine Bank kaufen, wenn er kein Gespür für die Banker hat. Das Bankwesen ist ein Geschäft, das für Anleger ein sehr gefährlicher Ort ist. Ohne tiefe Einblicke sollte man sich davon fernhalten."

Zu den Kennzeichen von Charlies und Warrens Investments in Banken gehört es, dass sie stets das Management der Banken loben, in die sie investieren. Dabei loben sie, dass das Management von operativer Effizienz – es hält die Kosten niedrig – und vom Risikomanagement – es geht keine großen Derivatepositionen ein und vergibt keine heiklen Hypothekendarlehen – besessen ist. Ob Wells Fargo, U.S. Bank oder Bank of America: Es geht immer um die Qualität und die Integrität des Managements.

Weshalb das Management? Weil die Qualität des Managements etwas Greifbares ist, das Charlie und Warren erfassen können, während die Finanzabschlüsse von Banken häufig derart verwickelt sind, dass nicht einmal die besten Finanzanalysten sie durchschauen.

43
KEINE BESTIMMTE EINZELNE FORMEL

„Es gibt keine bestimmte einzelne Formel. Man muss viel über Geschäfte, über die menschliche Natur und über Zahlen wissen. [...] Es ist Unsinn, zu erwarten, es gebe ein magisches System, das dies für einen erledigt."

Die Menschen suchen nach einer einfachen Methode, die sie durch die Lektüre eines bestimmten Buches erlernen können, das sie reich machen wird. Doch so läuft das nicht – außer wenn sie wirklich Glück haben. In Wirklichkeit bringt es mehr, 100 Unternehmensbiografien zu lesen als hundert Bücher über Geldanlage. Wieso? Wenn wir die Geschichte von 100 verschiedenen Geschäftsmodellen erfahren, dann erfahren wir, wann die Unternehmen harte Zeiten durchlitten und wie sie sie überstanden haben. Außerdem lernen wir daraus, was sie großartig oder weniger großartig macht. Und dadurch bekommen wir ein Gefühl dafür, ob ein Unternehmen irgendeinen nachhaltigen Wettbewerbsvorteil hat, der ihm in die Hände spielt, und das ist von entscheidender Bedeutung für die Überlegung, ob es eine großartige Langfristanlage abgeben würde.

Nur Bücher über Unternehmen zu lesen reicht aber nicht. Man sollte auch noch ein paar Semester Buchhaltung (die Sprache der Geschäftswelt), ein paar Semester Volkswirtschaftslehre und einen guten Kurs über das Notenbankwesen belegen, damit man versteht, welche Macht die Federal Reserve Bank besitzt, dem Markt zu Hilfe zu kommen (die meisten BWL-Kurse sparen dies leider aus). Dann ist man in einer guten Position, nach einer gewinnbringenden Geldanlage Ausschau zu halten. Allerdings muss man auf der Suche nach einer guten Anlage noch mehr lesen – rechnen Sie damit, pro Jahr 200 oder 300 Jahresberichte und täglich das *Wall Street Journal* zu lesen.

Jetzt wissen Sie, warum die meisten Menschen nach einem einfachen, leichten System suchen, das sie anwenden können. Das Lustige an dieser Gleichung ist, dass es diejenigen sind, die am Aktienmarkt oft Dummheiten begehen, von denen Wissende – wie Charlie – am Ende profitieren. Wie Warren sagt: Wenn man in ein Kartenspiel einsteigt und nicht herausfindet, wer ausgenommen wird, dann wird man selber ausgenommen.

44

ÜBER TECHNOLOGIE

„Aus der Mikroökonomie lernt man vor allem zu unterscheiden, wann Technologie einem hilft und wann sie einen umbringt."

Eine neue Technologie kann einem bestehenden Unternehmen entweder schaden oder sie kann seine Profitabilität steigern.

Als Erstes sollten wir die Frage stellen: Wird die neue Technologie zu einer Bedrohung für das bisherige Geschäftsmodell? Das Auto verdrängte Kutschen und Pferde. Das Telefon verdrängte den Telegrafen. Computer und Drucker verdrängten die Schreibmaschine.

Die nächste Frage lautet: Wird die neue Technologie das Geschäft beleben? Da wird es nun kompliziert. Ob ein Unternehmen von einem technischen Wandel profitieren wird, hängt von der Art des Unternehmens ab.

Ist es in einem Massengeschäft tätig und verkauft ein Produkt oder eine Dienstleistung, das oder die von zahlreichen anderen Unternehmen ebenfalls angeboten wird, dann wird jeglicher technische Durchbruch, der die Kosten senkt und die Margen erhöht, wahrscheinlich auch von den Konkurrenten übernommen – sodass man den etwaigen durch die Technologie verursachten Wettbewerbsvorteil wieder verliert. Schlimmer ist es allerdings, wenn einer der Konkurrenten die durch die neue Technologie erzielte Kosteneinsparung dafür einsetzt, seine Preise zu senken und so seinen Marktanteil zu vergrößern. Ein Beispiel: Die neue Technologie XY beschert unserem Unternehmen eine Kostenersparnis von zehn Prozent – eine gute Sache. Unser Konkurrent kauft die neue Technologie XY ebenfalls und erzielt auch eine Kostenersparnis von zehn Prozent. Nun geht es beiden Unternehmen besser, beide sparen zehn Prozent. Wenn aber unser Konkurrent eines Morgens aufwacht und beschließt, die zehn Prozent Einsparung einzusetzen, um die Preise zu senken und Marktanteile hinzuzugewinnen, müssen wir unsere Preise ebenfalls um zehn Prozent senken, sonst verlieren wir Marktanteile. Am Ende des Tages profitiert in einer Massenbranche mit vielen Konkurrenten also nur der Kunde von der neuen Technologie.

Wenn ein Unternehmen in einer bestimmten Marktnische einen nachhaltigen Wettbewerbsvorteil hat, gibt es keine Konkurrenten. Bei solchen Unternehmen wird die Einsparung von zehn Prozent, die durch die neue Technologie erzielt wurde, nicht durch Preissenkungen von Mitbewerbern untergraben, die auf Marktanteile aus sind. Wenn Coca-Cola eine neue Technologie entwickelt, mit der es seine Herstellungskosten um zehn Cent je Flasche senken kann, dann kann diese Einsparung bis zum Reingewinn durchschlagen, denn selbst wenn Pepsi die gleiche Technologie entwickelt und den Preis seines Produkts senkt, dann kaufen – das hat die Geschichte gezeigt – die Kunden trotzdem das etwas teurere Coca-Cola, denn Coca-Cola ist im Kopf der Verbraucher verankert und genießt ihr Vertrauen und ihre Treue. Die Fähigkeit eines Unternehmens mit nachhaltigem Wettbewerbsvorteil, eine neue Technologie einzusetzen, um tatsächlich die Kosten zu senken und seine Ertragsmargen zu erhöhen, ist einer seiner Vorteile gegenüber einem Unternehmen, das in einem Massengeschäft tätig ist.

45

ERFOLGREICH ANLEGEN

„Um erfolgreich anzulegen, braucht man diese verrückte Kombination aus Mumm und Geduld, und dann muss man bereit sein, zuzuschlagen, wenn sich die konkrete Gelegenheit bietet, denn in dieser Welt gehen Gelegenheiten schnell vorüber."

Im März 2009, mitten im großen Crash (als alle dachten, die US-Regierung würde alle großen US-Banken verstaatlichen müssen), kaufte Charlie für sein Unternehmen Daily Journal 1,6 Millionen Aktien von Wells Fargo zu einem von ihm geschätzten durchschnittlichen Kurs von 8,58 Dollar je Aktie. Heute kostet eine Aktie von Wells Fargo circa 47 Dollar. Das konnte er tun, weil er (1) sich darauf konzentrierte, nach einer guten Anlage zu suchen, und weil er (2) auf einem Haufen Geld saß und geduldig wartete, bis sich eine Gelegenheit bot. Und last, but not least verstand er Wells Fargo gut genug, um zu wissen, dass es kaum wahrscheinlich war, dass die Bank jemals insolvent oder vom Staat übernommen würde. Diese Kaufgelegenheit hielt nur ein paar Wochen an und als sie sich bot, besaß Charlie den Mumm, zuzuschlagen.

46

DEN DURCHSCHNITT ÜBERTREFFEN

„Es liegt in der Natur der Aktienmärkte, dass sie manchmal fallen. Dann leiden die Leute. Konservativ anlegen und stetig sparen, ohne Wunder zu erwarten, das ist der richtige Weg. Manche Menschen in diesem Raum können herausfinden, wie sie das Doppelte der durchschnittlichen Rendite erzielen können. Ich kann das nicht allen anderen beibringen. Das ist nämlich ziemlich schwierig."

Es ist schwierig, aber nicht unmöglich, eine höhere Rendite als den Marktdurchschnitt zu erzielen. Um das zu schaffen, muss man allerdings viel lesen. Für die meisten Menschen ist es leichter und sicherer, ihr Geld einfach zu sparen, in Baissen Anteile von Indexfonds zu kaufen und diese für immer zu behalten. Wenn sie in den Ruhestand gehen, können sie diese nach Bedarf verkaufen. Doch für diejenigen, die Zeit und Energie in Studien investieren wollen, stellt der Aktienmarkt ein Meer endloser Chancen dar, die in unvorstellbarem Reichtum resultieren können.

47

PROVISIONEN

„Überall, wo es hohe Provisionen gibt,
ist auch die Abzockwahrscheinlichkeit hoch.“

Provision gleich Anreiz. In Charlies Welt führen Anreize sowohl auf der bewussten als auch auf der unbewussten Ebene zu Motivation. Finanzplaner und Börsenmakler, die auf Provisionsbasis arbeiten, sind motiviert, uns von einer Anlage abzubringen und uns von einer anderen zu überzeugen, denn daran verdienen sie Geld. Je mehr Bewegungen in Ihrem Depot, umso mehr Geld verdienen sie. Darum finden sie Gründe für Käufe und Verkäufe in unseren Depots und meistens sind sie diejenigen, die reich werden, während wir diejenigen sind, die arm werden. Oder wie der Humorist Woody Allen einmal gesagt hat: „Ein Börsenmakler ist jemand, der das Geld anderer Leute so lange anlegt, bis es komplett weg ist.“

TEIL II

CHARLIE ÜBER DIE GESCHÄFTSWELT, DAS BANKWESEN UND DIE WIRTSCHAFT

48

DIE GROSSE DEPRESSION

„Man sollte nie etwas tun, das eine Volkswirtschaft in den Kollaps treibt. Daraus resultieren schreckliche Dinge."

Die Große Depression der 1930er-Jahre, die Charlie miterlebt hat, ist heute für die meisten Amerikaner nur noch eine ferne Erinnerung, ein paar Seiten in einem Geschichtsbuch. Vergessen die Millionen Arbeitslosen auf der ganzen Welt und die verheerenden Auswirkungen, von denen sich viele Nationen erst nach Jahrzehnten wieder erholt haben. Wie schlimm war sie denn eigentlich? Überlegen Sie sich einmal Folgendes: Während der Großen Rezession 2007-2009 ging das weltweite BIP um ein Prozent zurück. Während der Großen Depression ging es um 15 Prozent zurück. Während der Großen Depression nahm der Außenhandel der Vereinigten Staaten um 50 Prozent ab, die Getreidepreise brachen um 60 Prozent ein und die Arbeitslosigkeit stieg in der Spitze auf 25 Prozent. Die Volkswirtschaften Europas wurden dermaßen dezimiert, dass ganze Nationen den Glauben an ihre demokratischen Institutionen verloren, und so kam es zum Aufstieg des Faschismus als verzweifeltem Versuch, das anscheinend nicht Behebbare zu beheben. Das Endergebnis war ein Weltkrieg, der für Europa und den Rest der Welt unglaubliche Leiden, Schrecken und Zerstörungen brachte. Charlie hat diese Zeit erlebt und weiß nur allzu gut, dass die Fahrt einer Nation zur Hölle mit dem Zusammenbruch ihrer Wirtschaft beginnt. Und dass dann, wenn eine Demokratie nicht die Stärke findet, ihre Finanzinstitutionen zu kontrollieren, die Menschen irgendwann einen Despoten an die Macht bringen, der dies tut.

49

BANKENREGULIERUNG

„Die Banken werden sich nicht freiwillig selbst zügeln. Sie brauchen die Aufsicht eines Erwachsenen."

Charlie betrachtete die Deregulierung des Bankwesens schon immer als reine Torheit des Kongresses. Er erlebte die Einführung des Glass-Steagall Act im Jahr 1933, eines Gesetzes, das die Investmentbanken von den konservativen Geschäftsbanken schied, als Beginn einer Periode großen Wohlstands in Amerika. Er hielt die Aufhebung von Glass-Steagall im Jahr 1999 für eine Aufforderung an die Banken, sich töricht zu verhalten, denn dadurch konnten Geschäftsbanken als Investmentbanken fungieren und mit dem Geld der Sparer spekulieren. Der Kollaps der Wall Street in den Jahren 2007 bis 2009 bewies der ganzen Welt, dass Charlie recht hatte: Die Aufhebung von Glass-Steagall war das Dümmste, was der Kongress jemals getan hat.

50

TOO BIG TO FAIL

„Kapitalismus ohne Bankrott ist wie eine Religion ohne Hölle."

Als Ben Bernanke, Vorsitzender der Federal Reserve, und Finanzminister Hank Paulson entschieden, Goldman Sachs, Citicorp, Merrill Lynch und AIG seien zu groß, um sie pleitegehen zu lassen – „too big to fail" –, vermittelten sie dadurch der Welt die Botschaft, dass der Staat diese Finanzinstitute nicht zugrunde gehen lassen würde. Wenn eine Wall-Street-Bank keine Angst zu haben braucht, dass sie bankrottgehen könnte, haben ihre Manager auch keine Angst, wenn es darum geht, Geschäfte mit Schuldenhebeln zu tätigen und mit dem Geld ihrer Einleger und Aktionäre Glücksspiel zu betreiben. Indem die Fed ein staatlich finanziertes Sicherheitsnetz für die betreffenden Institutionen spannte, bereitete sie die Bühne für einen weiteren Zyklus von zerstörerischen Torheiten der Finanzinstitute. Hinter einer solchen Wolke kann es allerdings einen Silberstreif geben. Denn wenn sie zu großen Verwerfungen am Aktienmarkt führt, wird es auch Momente geben, in denen die Anleger zum Ausgang hasten. Und in solchen panischen Momenten werden Aktien wundervoller Unternehmen zu Spottpreisen – im Verhältnis zu ihren langfristigen ökonomischen Kennzahlen – gehandelt. Wie schon gesagt, die Bankenpleiten der Jahre 2007 bis 2009 sorgten für die Kaufgelegenheit bei der Wells Fargo Bank, auf die sich Charlie stürzte. Die Vorstellung des einen Menschen von der Hölle kann für einen anderen Menschen eine paradiesische Vorstellung sein – vor allem wenn sie günstige Aktienkurse großartiger Unternehmen bedeutet.

51

GELIEHENES GELD

„Wir haben mit den Häusern in diesem Land Geld gemacht wie noch nie zuvor. Fragen Sie mal Joe, wovon er sich den neuen Cadillac gekauft hat – er hat sein Haus beliehen. [...] Wir haben Finanzinstitute, darunter auch welche mit großen Namen, die den Menschen, die am wenigsten dafür geeignet sind, teure Kredite geben. Vieles davon finde ich empörend. Dass wir eine freie Marktwirtschaft haben, heißt noch nicht, dass sie ehrbar wäre."

Ich nehme an, das bedeutet, dass Charlie nicht dem „Caveat emptor"-Klub angehört. Allerdings leben wir in einem Land, dessen Notenbank es sich zur Aufgabe gemacht hat, uns von der Arbeitslosigkeit zu befreien. Ihre diesbezügliche Strategie besteht zum Teil darin, den Verbrauchern das Gefühl zu geben, sie seien reich – damit sie mehr Geld ausgeben und dadurch nach Möglichkeit die Konjunktur ankurbeln, wodurch mehr Arbeitsplätze entstehen sollen. Die einfachste Möglichkeit für die Fed, mehr Geld in die Hände der amerikanischen Verbraucher zu legen, besteht darin, dass sie es den Verbrauchern leicht macht, sich über Kreditkarten und den Wert ihrer Häuser Geld zu leihen. Die Fed fördert die Kreditaufnahme, indem sie die Zinsen senkt und gegenüber Banken und Hypothekengesellschaften ein Auge zudrückt, wenn sie die Kreditanforderungen lockern. Das Problem an dem vielen Geld und den hohen Verbraucherausgaben ist, dass dadurch eine Konjunkturblase entsteht. Irgendwann platzt die Blase und dann brechen die Aktienkurse ein, die Konjunktur sackt ab, Menschen verlieren ihre Arbeit und Hausbesitzer können das viele Geld, das sie sich geliehen haben, nicht mehr zurückzahlen – was den Albtraum noch verschlimmert.

52

MARKTWIRTSCHAFTLICHE TORHEIT

„Auf solche verrückten Booms sollte man ein Auge haben. Alan Greenspan war anderer Ansicht. Er ist ein fähiger Mann, aber auch ein Idiot. Man sollte ihn nicht zum Vater des gesamten Bankwesens machen. Sein Idol ist Ayn Rand. Das ist wohl kaum der rechte Ort, um nach Weisheit zu suchen. Viele Menschen meinen, wenn an einem freien Markt ein Axtmörder herumläuft und Menschen umbringt, dann sei das in Ordnung."

Alan Greenspan, der von 1987 bis 2006 Chef der Federal Reserve Bank war und den marktwirtschaftlichen Predigten der in Russland geborenen amerikanischen Schriftstellerin und Philosophin Ayn Rand anhing, ignorierte sowohl die Internetblase am Aktienmarkt in den 1990er-Jahren als auch die Häuserblase Anfang der 2000er-Jahre völlig; sie führten zu der Subprime-Immobilienkrise der Jahre 2007 bis 2009, die beinahe die Weltwirtschaft vernichtete. Greenspan war überzeugt, der Staat solle sich überhaupt nicht in die Märkte einmischen, was hieß, dass er sich auch nicht in die Exzesse der Wall Street einmischte. Das mag bizarr erscheinen, wenn man bedenkt, dass Greenspan jedes Mal, wenn der Aktienmarkt zusammenzubrechen begann, die Fed aggressiv einsetzte, um Geld in die Börse zu pumpen und den Rückgang aufzuhalten.

Greenspans Nachfolger Ben Bernanke übernahm im Jahr 2006 die Leitung der Fed und ließ die Häuserblase weiterhin ungehemmt wachsen. Als sie schließlich platzte, tat Bernanke das Gleiche, was sein Vorgänger getan hatte: Er druckte Geld und pumpte es in die Wirtschaft, nicht nur um den Crash aufzuhalten, sondern auch um die Arbeitslosigkeit zu senken. In seiner achtjährigen Amtszeit druckte die Fed drei Billionen Dollar und brachte sie in Umlauf, um die Wirtschaft anzukurbeln, was zu einer Vermögensinflation und dazu führte, dass sowohl der Aktienmarkt als auch der Immobilienmarkt erneut Blasen bildeten. Oder wie Yogi Berra von den New York Yankees einst sagte: „Es ist schon wieder wie ein Déjà-vu.“

53

DIE DEREGULIERUNG DER BANKEN

„Die Menschen dachten wirklich,
wenn man einer raubtierartigen Klasse von Menschen
die Möglichkeit gäbe, alles zu tun, was sie wollen,
dann sei das eine freie Marktwirtschaft. War es aber nicht.
Es war legalisierter bewaffneter Raub.
Und es war unglaublich dämlich."

Wollten wir nett sein, würden wir sagen, Charlie will damit im Grunde sagen, dass der ehemalige Vorsitzende der Federal Reserve Alan Greenspan und der ehemalige Finanzminister Robert Rubin, also zwei der bedeutendsten Architekten der Deregulierung des Bankwesens Ende der 1990er-Jahre, damit völlig falschlagen. Sie waren große Verfechter der freien Marktwirtschaft, die zu der Finanzkrise 2008 und dem Bankrott oder Beinahe-Bankrott fast aller großen Investmentbanken der Wall Street führte. Doch in Wirklichkeit sagt Charlie, dass es unglaublich dumm von ihnen war, die Banken zu deregulieren. Wieso? Weil das Management einer unregulierten Bank einen Anreiz hat, sich noch mehr Geld zu leihen und damit hochspekulativ zu wetten. Gehen die Wetten auf, erhält das Management-Team Bonuszahlungen in Höhe von zig Millionen Dollar, doch wenn die Bank die Wetten verliert, sind die Aktionäre und die Einleger diejenigen, die für die Verluste in Milliardenhöhe geradestehen müssen. Wenn mehrere Großbanken gleichzeitig zusammenbrechen, kann dies eine ganze Volkswirtschaft zugrunde richten. Die Geschichte hat wiederholt gezeigt, dass staatliche

Regulierung das Einzige ist, was die Bankerzunft davon abhält, sich zu verschulden und nicht nur mit dem Geld anderer Leute, sondern auch mit dem wirtschaftlichen Wohlergehen unserer Nation zu spielen.

54

EXZESSE AN DER WALL STREET

„Nie zuvor war ein so großer Teil der Intelligenzija damit beschäftigt, Papierstücke zu kaufen und zu verkaufen und die Handelsaktivität zu fördern. Vieles von dem, was ich heute sehe, erinnert mich an Sodom und Gomorra. Da gibt es Aktivitäten, die sich selbst speisen, Neid und Nachahmung. Wenn früher so etwas passierte, hatte das böse Folgen."

Die Wall Street ähnelte im Jahr 2007 den beiden Städten Sodom und Gomorra. Das Subprime-Geld floss in Strömen, die Bonuszahlungen waren riesig, die Partys waren wild, protzige Billighäuser und teure Sportwagen waren angesagt. Doch die größte Sünde von allen war, dass als „Subprime" bezeichnete Hypothekendarlehen schlechter Bonität umverpackt und als AAA-geratete Schuldverschreibungen an die arglosen hungrigen Massen verkauft wurden. In der biblischen Geschichte vernichtete Gott Sodom und Gomorra wegen ihrer verruchten Unbesonnenheit. Doch in unserer Geschichte griff Gott, verkleidet als Ben Bernanke von der Federal Reserve und Hank Paulson vom Finanzministerium, ein und rettete die Ungläubigen, kurz bevor sie alle in den Abgrund gestürzt wären. Manchmal ist es besser, die Sünder zu retten, als zuzulassen, dass sie eine ganze Nation mit sich reißen. Das gilt besonders dann, wenn man selbst zu den Sündern gehört.

55

DER WOHLSTANDSEFFEKT

„Der Wohlstandseffekt ist das Ausmaß, in dem die Verbraucherausgaben durch Anstiege der Aktienkurse aufgepeppt werden. Natürlich existiert er, aber in welchem Ausmaß? Vor einer Weile habe ich einen Vortrag gehalten, in dem ich gesagt habe, dass der Wohlstandseffekt größer sei, als die Volkswirte meinen. Und das sage ich immer noch."

Wenn die Menschen glauben, der Wert ihres Hauses und ihrer Geldanlagen würde steigen, sind sie eher bereit, mehr Geld auszugeben, und das ist gut für die Konjunktur. Wenn sie hingegen meinen, der Wert ihres Hauses und ihrer Anlagen würde sinken, kaufen sie nichts mehr, und das ist schlecht für die Konjunktur. Das ist der Wohlstandseffekt.

Der ehemalige Federal-Reserve-Vorsitzende Ben Bernanke verliebte sich in seinem Bestreben, die Konjunktur wieder zu beleben und die Arbeitslosenquote zu senken, in diese Theorie. Er rechtfertigte mit dem Wohlstandseffekt, dass er durch niedrigere Zinsen und durch das Drucken von Geld, um das staatliche Haushaltsdefizit zu finanzieren, Milliarden Dollar in die Wirtschaft pumpte. Und es funktionierte. Die Anlagepreise stiegen und die Menschen fühlten sich reicher, daher gaben sie mehr aus und dies regte die Konjunktur an, sodass die Arbeitslosigkeit zurückging. Und das machte natürlich Anleger auf der ganzen Welt sehr, sehr glücklich.

56

GELD DRUCKEN

„Ich glaube, Demokratien neigen deshalb zur Inflation, weil die Politiker von Natur aus Geld ausgeben – sie haben die Macht, Geld zu drucken, und setzen das Geld ein, um Stimmen zu bekommen."

Lasst weiter die Notenpressen rotieren! Einer der Gründe, weshalb die Vereinigten Staaten ihre Schulden stets werden bedienen können, ist die Tatsache, dass es in ihrer Macht steht, die Dollar zu drucken, die sie benötigen. Und wie machen sie das? Die Federal Reserve Bank druckt das Geld, geht dann damit auf den freien Markt und kauft US-Schatzanleihen oder andere Schuldpapiere. Nehmen wir an, das Finanzministerium braucht 100 Milliarden Dollar, um bald fällige Staatsschulden zu bezahlen. Dann begibt es einfach mehr Anleihen und die Federal Reserve Bank kauft sie am freien Markt. In der Regel tut die Federal Reserve Bank das nicht gern. Es wäre ihr lieber, wenn sich die US-Regierung das Geld zum Beispiel in China leihen würde – das derzeit US-Schatzanleihen im Wert von 1,2 Billionen Dollar besitzt (was bedeutet, dass sich die US-Regierung von China 1,2 Billionen Dollar geliehen hat). Aber China braucht sich keine Sorgen zu machen, dass die guten alten USA ihre Schulden nicht bedienen können, denn die Federal Reserve Bank kann jederzeit zusätzliche 1,2 Billionen Dollar drucken und sie der US-Regierung leihen, damit sie die Anleihen tilgen kann, die die US-Regierung an China verkauft hat.

Griechenlands, Italiens und Spaniens Problem besteht darin, dass damals, als sie den Euro einführten, ihre Notenbanken die

Macht abgaben, Geld zu drucken, und sie an die Europäische Zentralbank übertrugen. Wenn also die EZB nicht bereit ist, ein paar Hundert Milliarden Euro extra für sie zu drucken, können Griechenland, Italien und Spanien theoretisch bezüglich ihrer Schulden zahlungsunfähig werden und einen Systemkollaps des weltweiten Finanzsystems auslösen.

57

VERMÖGENSINFLATION

„Ich erinnere mich noch, dass ein Hamburger 5 Cent kostete und der Mindestlohn 40 Cent die Stunde betrug, ich habe in meinem Leben also ein gewaltiges Maß an Inflation erlebt. Hat sie das Investmentklima ruiniert? Ich glaube nicht."

Wenn der Preis für einen Hamburger steigt, dann steigt auch der Preis für die Aktien des Unternehmens, das die Hamburger verkauft. Inflation lässt die Preise von Waren und Anlagen steigen und die Aktien eines Unternehmens stellen ja Besitzanteile am Kapital des Unternehmens dar. Inflation ist der Freund derjenigen, die Kapital besitzen. Und sie ist der Feind derjenigen, die Bargeld oder Anleihen besitzen. Wieso? Wenn die Federal Reserve Geld druckt und es in der Wirtschaft in Umlauf bringt, sinken die Zinsen. Dies treibt die Preise von Finanzanlagen wie etwa Aktien und Immobilien in die Höhe. Doch wenn die Fed mehr Geld druckt, bedeutet das auch, dass wir für unsere Dollar immer weniger bekommen, dass also die Dinge immer mehr kosten. Vor 50 Jahren kostete ein Hamburger 0,40 Dollar, heute kostet er 7,00 Dollar. Und ein Haus, das man 1965 für 50.000 Dollar bekam, kostet heute 500.000 Dollar. Der Dow Jones Industrial Average, der 1965 bei 910 Punkten stand, steht jetzt bei 17.000. Wenn man sich an Bargeld klammert, bekommt man jedes Jahr weniger dafür. Hätte man 1996 Staatsanleihen mit 20 Jahren Laufzeit gekauft und sie 2016 eingelöst, hätte man sich für das Geld, das man dafür bekam, weniger kaufen können als zu dem Zeitpunkt, als man die Anleihen gekauft hatte.

Der Bankenbranche und der Versicherungsbranche kommt die Inflation wirklich zugute. Da das Haus für 50.000 Dollar nun eines für 500.000 Dollar ist, müssen sich die Menschen 450.000 Dollar mehr von der Bank leihen. Und für ein Darlehen dieser Größe fallen enorm viel mehr Bankgebühren an als für ein Darlehen über 50.000 Dollar. Auch die Immobiliarversicherung verdient, wenn sie ein Objekt im Wert von 500.000 Dollar versichert, eine ganze Menge mehr als bei einem Objekt im Wert von 50.000 Dollar.

In diesem Beispiel bescherte die Inflation der Bank und der Versicherung einen Umsatzanstieg auf 1.000 Prozent, aber keines der Institute brauchte dafür zusätzliche Mitarbeiter einzustellen oder Fabriken zu erweitern. Jetzt wissen Sie, weshalb Charlie und Warren so sehr auf Versicherungen und Banken aus sind: Sie bieten nicht nur die perfekte Absicherung gegen Inflation, sondern sie profitieren sogar davon. Für Banken und Versicherungsgesellschaften ist die Inflation wirklich wie der süße Brei im Märchen.

58

DIE ÖLRESERVEN

„Ich glaube, die Kohlenwasserstoff-Vorkommen der Vereinigten Staaten gehören zu den kostbarsten Dingen, die wir haben, kein bisschen weniger kostbar als der Humus von Iowa. Ebenso, wie ich nicht den gesamten Humus von Iowa in den Iran oder sonst wohin exportieren will, nur weil die bereit sind, uns dafür Geld zu geben, liebe ich die Kohlenwasserstoff-Reserven, die wir in der Erde liegen haben. Im Moment ist es Mode, unabhängig zu sein und sie so schnell aufzubrauchen, wie wir nur können. Ich halte das für staatspolitischen Wahnsinn."

Hier spricht Charlie von den Ölreserven unserer Nation. Er hält sie für eine kostbare Ressource und findet, sie sollten bewahrt werden, weil Öl für unsere Wirtschaft und unsere nationale Sicherheit unentbehrlich ist. Unsere Kohlenwasserstoff-Reserven sind der Rohstoff, mit dem wir unsere Autos und Flugzeuge antreiben, aus dem wir Düngemittel, synthetische Bekleidung, Kunststoffe und Asphalt herstellen, mit dem wir Maschinen schmieren und Elektrizität erzeugen. Ohne Öl käme unser Land im Nu quietschend zum Stillstand. Charlie hält die Politik, von Ölimporten unabhängig zu werden und unsere gesamten Ölvorräte so schnell wie möglich zu verbrennen, für verrückt. Denn wenn unser ganzes Öl weg ist, sind wir den Ländern, die dann noch Öl fördern, ausgeliefert. Er tritt dafür ein, dass wir unser Öl für magere Zeiten aufsparen und stattdessen saudi-arabisches Öl verbrennen.

59

SÜDKOREA

„Die Südkoreaner sind aus dem Nichts im Automobilgeschäft emporgekommen. Über zehn Jahre lang arbeiteten sie 84 Stunden die Woche, ohne Überstunden. Gleichzeitig kam jedes koreanische Kind aus der Grundschule heim und arbeitete nachmittags und abends – angetrieben von den sogenannten Tigermüttern – noch ganze vier Stunden mit einem Hauslehrer. Ist man überrascht, wenn man gegen solche Menschen verliert? Nur wenn man ein Vollidiot ist."

Charlie wuchs während der Großen Depression auf, als jeder, der überhaupt eine Stelle fand, unermüdlich arbeitete, um etwas zu essen auf den Tisch zu bekommen. Als jedoch die Zeit verging und das Land immer reicher wurde, begannen die Amerikaner faul zu werden. Verschwunden ist das Arbeitsethos, das die Menschen dazu trieb, an sechs Tagen der Woche täglich zehn Stunden zu arbeiten. Die Koreaner haben wie unsere Großeltern einen viel stärkeren Drang, erfolgreich zu werden. Charlie sagt hiermit, dass in der globalen Wirtschaft, in der wir heute leben, die neuen Sieger die fleißigen Koreaner dieser Welt sein werden, nicht die inzwischen fetten und satten Gewinner früherer Jahrzehnte.

60

ZUCKERBROT UND PEITSCHE

„Wenn wir wohlhabend werden wollen, müssen wir arbeiten. Wir brauchen Menschen, die Zuckerbrot und Peitsche ausgesetzt werden. Wenn man die Peitsche weglässt, kann das gesamte System nicht funktionieren. Man kann sich nicht reich wählen. Das ist eine idiotische Vorstellung."

Im Herzen ist Charlie ein echter Kapitalist, der „sich sämtliche Beine ausreißt". Hier sagt er, dass eine Nation arbeiten muss, Nahrungsmittel anbauen muss, Straßen, Gebäude und Fabriken bauen muss und dass sie Produkte herstellen muss, die sie verkaufen kann. Wenn die Menschen nicht arbeiten, werden sie hungrig und obdachlos; das ist die Peitsche. Nicht Habgier trieb unsere Großeltern dazu, so fleißig zu arbeiten, sondern die Angst, dass sie die Miete nicht mehr würden bezahlen können und dass ihre Familie hungern würde. Diese Angst ist heute verschwunden. An ihre Stelle ist ein Anspruchsdenken getreten, das eine kostenlose Gesundheitsversorgung fordert, eine kostenlose College-Ausbildung und dass man als Arbeitsloser kostenlos Lebensmittel und Wohnraum bekommt. Unsere Nation verliert ihren Arbeitswillen vielleicht nicht deshalb, weil sie faul geworden wäre, sondern weil sie die Angst davor verloren hat, nicht zu arbeiten.

61

BANKER AUSSER KONTROLLE

„Ich glaube nicht, dass man sich darauf verlassen kann, dass sich die Banker selbst kontrollieren. Sie sind wie Heroinabhängige."

Heroinabhängigkeit kann sowohl die Person als auch ihre Familie zerstören. Banker können sich selbst und die Wirtschaft einer ganzen Nation zerstören. Den Bankern wird eine enorme Menge an Geld anderer Leute anvertraut und sie sollten es vorsichtig anlegen. Oft kommt es jedoch vor, dass sie sich auf das ihnen anvertraute Geld zusätzliches Geld leihen und mit diesem Schuldenhebel dann hinter der Maske der „Geldanlage" spekulieren. Das tun sie, weil sie im Gewinnfall Millionen Dollar an Gehältern und Bonuszahlungen einstreichen. Dabei erklären sie der amerikanischen Öffentlichkeit, sie solle sich wegen der Schuldenhebel keine Sorgen machen, denn professionelle Risikomanager hätten sie unter Kontrolle (dieselben professionellen Risikomanager, die zufällig gerade diejenigen waren, die im Zuge der Subprime-Krise 2007-2009 ihre Wall-Street-Banken vernichtet haben). Das Einzige, was Banken davon abhalten kann, sich exzessiv zu überschulden, sind massive Regulierungen des amerikanischen Staates; die Banken kämpfen ständig dagegen an, dass es dazu kommt. Allein im Jahr 2014 gab JPMorgan Chase 6,2 Millionen Dollar für Lobbyarbeit beim US-Kongress aus. Zusammengenommen gaben die Handelsbanken im Jahr 2014 dafür 60 Millionen Dollar aus. Wogegen traten sie als Lobby ein? Gegen die staatliche Regulierung des Bankwesens. Charlie verdeutlicht hier den Punkt, dass sehr viele Banker süchtig nach Schuldenhebeln und Spekulationen geworden sind. Sie sind der Lebenssaft ihres Strebens nach Reichtum und auch Macht.

62
GEFAHR DURCH DERIVATE

„Wenn man intelligent mit Derivaten handelt, ist das wie eine Lizenz zum Stehlen, und deshalb kann man verstehen, warum das alle wollen ... aber wo ist das große Plus, wenn alle mit allen Glücksspiele betreiben? Als ich jünger war, lebte ich jahrzehntelang in einer Welt mit wenig Glücksspiel und die gefiel mir besser. Ich glaube, das war für das Land besser. Es ist, als hätten wir Tausende professionelle Pokerspieler. Was verdammt noch mal tun die Gutes für irgendjemanden?"

Das Problem am Derivatehandel ist, dass es für Banker sehr schwer ist, sich selbst zu kontrollieren, wenn sie problemlos bergeweise Geld verdienen. Sie lassen sich von den Überschüssen gern mitreißen und geraten dadurch in ernste Schwierigkeiten. Wenn es wirklich schlimm wird, können sie das Finanzsystem in die Luft jagen, den Aktienmarkt absaufen lassen, die Wirtschaft zerstören und Millionen Menschen arbeitslos machen.

Laut Paul Wilmott, der einen Doktorgrad in angewandter Mathematik von der Oxford University hat, beträgt der Wert des weltweiten Derivatemarkts 1,2 Trillionen Dollar (eine gigantische Zahl, die 1.200 Billionen Dollar entspricht). Das ist ungefähr das 20-Fache der Weltwirtschaft, die sich auf rund 60 Billionen Dollar beläuft. Der Derivatemarkt ist derzeit 20 Prozent größer als im Jahr 2008, als wir das letzte Mal eine Finanzkrise hatten, an der Derivate beteiligt waren. Und wie sehr sind US-amerikanische

Banken diesem Derivaterisiko ausgesetzt? JPMorgan Chase hat eine Bilanzsumme von zwei Billionen Dollar und ein Risiko-Exposure auf Derivate von mehr als 52,9 Billionen Dollar; Citibank hat eine Bilanzsumme von 1,3 Billionen Dollar und ein Risiko-Exposure auf Derivate von mehr als 52 Billionen Dollar; Bank of America hat eine Bilanzsumme von 1,6 Billionen Dollar und ein Risiko-Exposure auf Derivate von 26,6 Billionen Dollar; Goldman Sachs hat eine Bilanzsumme von 143 Milliarden Dollar (wohlgemerkt Milliarden) und ein Risiko-Exposure auf Derivate von 44,4 Billionen Dollar (wohlgemerkt Billionen).

Wenn Sie eine Bank sind, hier nun der enorm lustige Teil: Dieser 1,2 Trillionen Dollar umfassende Derivatemarkt ist verwirrend komplex, völlig unreguliert und die Händler der Banken sind die Platzhirsche. Jedes Mal, wenn die US-Regierung auch nur andeutet, sie werde den Derivatehandel regulieren, schwärmt ein Heer von Banklobbyisten in Washington aus und stoppt dies, indem es unsere Kongressmitglieder daran erinnert, wem sie wirklich gehören (und das sind nicht Sie und ich). Doch es kommt noch besser, denn bedenken Sie: Es gibt niemanden – ganz richtig, niemanden – in der Regierung, in der Welt der Wissenschaft oder in den Banken selbst, der wirklich alle Gefahren begreift, die in der größten Finanzblase lauern, die die Welt je gesehen hat.

63

DIE CARRY-TRADE-TORHEIT

„In diesen Carry-Trade-Spielchen stecken viele Schuldenhebel. Andere Leute sind sich sicherer als ich, dass man das Flugzeug jederzeit verleasen kann."

Das ist aufschlussreich. Charlie sagte das bereits 2005, also volle fünf Jahre, bevor ein Carry-Trade platzte und Lehman Brothers sowie mehrere andere Firmen an der Wall Street vernichtete. Ein Carry-Trade besteht darin, dass man sich große Geldmengen zu einem bestimmten Zinssatz leiht und sich davon eine Anlage kauft, die einen höheren Zins abwirft. Hier spricht Charlie davon, sich Geld zu leihen und sich davon ein Flugzeug zu kaufen, das man für einen höheren Betrag als die Darlehensrückzahlung verleasen kann. Der Gewinn liegt in der Differenz zwischen den Zinskosten des Darlehens und den Leasingraten. Der einzige Haken an dieser Gleichung ist, dass dann, wenn das Unternehmen, das das Flugzeug least, nicht mehr bezahlen kann, ein Darlehen vorliegt, das zurückgezahlt werden muss, aber keine Leasingraten mehr, um sie zu bezahlen.

Lehman Brothers und die anderen Investmentbanken bauten Mist, indem sie sich Milliarden Dollar in Form kurzfristiger Schuldverschreibungen liehen und sie dann in Form von Subprime-Hypothekendarlehen mit zehn oder 20 Jahren Laufzeit ausliehen. Wenn die kurzfristigen Schuldverschreibungen fällig wurden, rollten die Kreditinstitute, die sie gekauft hatten, diese Darlehen einfach durch. Doch dann geschah etwas Unerwartetes: Manche Menschen konnten ihre Subprime-Hypothekendarlehen nicht mehr bezahlen, sodass Lehman auf einmal keine entsprechenden Zinszahlungen mehr bezog und daher kein Geld mehr hatte, um die Zinsen auf die Darlehen zu bezahlen, die ihm die Banken gewährt hatten. Als sich die Banken dies ausgerechnet hatten, weigerten sie sich, die Darlehen durchzurollen, und Lehman meldete nach einer Woche Insolvenz an.

64

KORRUPTION IN ASIEN

„Man kann allerdings nicht einfach hingehen und in China investieren. Die First Movers können ruiniert werden. In Indonesien gibt es ein Sprichwort: ‚Was Sie als Korruption bezeichnen, heißt in Asien familiäre Werte.'"

Im Jahr 2002 investierten Charlie und Warren schließlich doch in China. Sie kauften Aktien der Ölgesellschaft PetroChina im Wert von 500 Millionen Dollar und verkauften sie später für 3,5 Milliarden Dollar.

Nachdem Charlie vor der Korruption gewarnt hatte, wieso vertrauten sie da PetroChina? Dem chinesischen Staat gehören 88 Prozent des Konzerns und tatsächlich kontrolliert der chinesische Staat 29 der 30 größten börsennotierten Aktiengesellschaften Chinas. Wenn man Aktien eines dieser Unternehmen besitzt, ist also im Endeffekt die chinesische Regierung der Geschäftspartner und im Gegensatz zur US-Regierung lässt diese unseriösen Vorstandsvorsitzenden keine Rettungszahlungen zukommen, sondern steckt sie in eine kalte, dunkle Zelle, in der sie über ihre bösen Taten nachdenken können. Darum konnten Charlie und Warren 500 Millionen Dollar in ein chinesisches Unternehmen investieren und trotzdem nachts ruhig schlafen.

65

DAS WUNDER VON CHINA

„Wenn man sich anschaut, was China aus dem gemacht hat, was China war – eine Leistung dieser Größenordnung hat es in der gesamten Weltgeschichte noch nicht gegeben."

Es war einmal eine Zeit, da war China ein rückständiger kommunistischer Agrarstaat mit Planwirtschaft nach sowjetischem Vorbild. Es war die Sorte Land, die den berühmten wirtschaftsliberalen Volkswirt Milton Friedman veranlasst hätte, angewidert abzuwinken. Doch ab 1979 beschritt China den Weg, sich selbst in eine dynamische, marktwirtschaftliche Industrie- beziehungsweise Hightechgesellschaft zu verwandeln, indem es die Grundsätze des Kapitalismus übernahm – mit einer kommunistischen Note. In nur 30 Jahren wurde China zur zweitgrößten Volkswirtschaft der Welt. Es ist der weltgrößte Konsument und Produzent von Textilien, Kameras, Handys und Computern sowie der größte Produzent von Stahl und Automobilen.

Im Jahr 2008 investierte Berkshire Hathaway 230 Millionen Dollar in die BYD Company, eine chinesische Version des US-amerikanischen Unternehmens Tesla Motors. BYD ist der größte chinesische Autohersteller in China und ein bedeutender Akkuhersteller. Charlie hat den Gründer und Vorstandsvorsitzenden Wang Chuanfu einmal als Mischung aus Thomas Edison und dem General-Electric-CEO Jack Welch bezeichnet. Wer konnte ahnen, dass sich die Chinesen als derart gute Kapitalisten erweisen würden?

66

FREIHANDEL

„Ich sehe nicht, wie wir das Zeitalter wieder aufleben lassen könnten, als ein ungebildeter Mann schnell vorankommen konnte. Solange wir freien Handel und weltweiten Wettbewerb haben – und ich möchte nicht aufhören, mit einer großen Atommacht wie China Handel zu treiben. China und die Vereinigten Staaten müssen miteinander auskommen. Jedes Land wäre von Sinnen, wenn es nicht mit dem anderen auskäme. Ich glaube, der Handel hilft uns, miteinander auszukommen."

Die Verlagerung amerikanischer Fabrikjobs nach China beendete weitgehend die Periode der US-Wirtschaftsgeschichte, in der ein ungebildeter Mann oder eine ungebildete Frau in einer Fabrikhalle anfangen und dann aufsteigen konnte. Warum? Der erste Grund ist, dass die guten Stellen für Ungebildete im verarbeitenden Gewerbe schlicht nicht mehr hier sind; sie sind in Ländern wie China und Mexiko. Der zweite ist, dass gute Jobs in den Vereinigten Staaten Bildung und Ausbildung erfordern.

Was die Frage angeht, ob der Freihandel die Beziehungen zwischen den Vereinigten Staaten und China verbessert, so hat sie mehr mit der Tatsache zu tun, dass China US-amerikanische Schatzanweisungen und Schatzanleihen im Wert von circa 1,2 Billionen Dollar besitzt – was bedeutet, dass es dem US-amerikanischen Staat circa 1,2 Billionen Dollar geliehen hat. Wenn einem jemand 1,2 Billionen Dollar schuldet und man möchte sie zurückgezahlt haben, dann steht man jeden Morgen mit den besten Wünschen für das wirtschaftliche Wohlergehen des Schuldners auf. Nicht der Freihandel trägt dazu bei, dass die Vereinigten Staaten mit China auskommen, sondern die 1,2 Billionen Dollar, die die Chinesen wiederhaben wollen. Und für die Vereinigten Staaten ist es die zusätzliche Billion Neuverschuldung, die sie brauchen, um das stetig wachsende Haushaltsdefizit zu finanzieren. Nimmt man dazu noch die Befürchtungen in Sachen Atomwaffen, hat Charlie recht: Die beiden Länder wären von Sinnen, wenn sie nicht miteinander auskommen würden.

67

DER GEIZHALS

„Mir ist es egal, wenn jemand viel Geld verdient und darauf sitzt wie ein Geizhals. Die meisten Menschen neigen sehr dazu, es auszugeben, wobei ihnen ihre Ehepartner und Kinder helfen."

Eines der größten Missverständnisse im Leben ist, dass die Reichen ihr Gold in einer tiefen, finsteren Höhle horten, wo es überhaupt nichts bringt. Vor 200 Jahren mag das so gewesen sein. Aber in der modernen Zeit verwahren die Reichen ihren Zaster auf Banken und in Anlagefonds, die ihn entweder an bedürftige Menschen und Unternehmen ausleihen oder ihn in Wirtschaftsunternehmen investieren. Banken und Anlagefonds verteilen das Geld in unseren Gemeinden. Wenn sie das Geld weder ausleihen noch investieren, verdienen sie nichts, sodass ein starker Drang besteht, Darlehen zu vergeben und Unternehmen zu finden, in die man investieren kann. Das ist gut für die Wirtschaft, was wiederum für alle gut ist. Wenn es keine Reichen gäbe, dann gäbe es bei den Banken und den Anlagefonds wenig überschüssiges Kapital, um Dinge zu finanzieren wie den Kauf eines Eigenheims, den Bau eines Bürogebäudes, die Entwicklung einer neuen Branche, die Vergabe von Darlehen an Kommunalverwaltungen und Ähnliches. Das oberste eine Prozent kontrolliert zwar 39 Prozent des weltweiten Vermögens, aber das bedeutet, dass 39 Prozent des weltweiten Vermögens in den Banken und Anlagefonds der Welt stecken, die diesen Überschuss fleißig in die Weltwirtschaft investieren – was für die restlichen 99 Prozent der Welt eine sehr gute Sache ist.

68

KÖRPERSCHAFTSTEUER

„Wenn ich die Welt regieren würde, dann wäre die Körperschaftsteuer niedrig und ich würde die Sehnsucht nach Gleichheit auf andere Art stillen, etwa über Verbrauchssteuern."

Im heutigen freien Welthandel können sich die Unternehmen frei von einem Land zum anderen bewegen. Hohe Körperschaftsteuern in einem Land vertreiben ein Unternehmen aus diesem Land in ein anderes mit niedrigerem Steuersatz. Und wenn Unternehmen, die in Länder mit niedrigeren Steuern abwandern, dort ankommen, bringen sie ihr Kapital auf örtliche Banken. Sie wollen wissen, wie Singapur und Hongkong zu den beiden Finanzzentren Asiens geworden sind? Niedrige Körperschaftsteuern lockten finanzkräftige Unternehmen an und mit ihnen kam auch ihr überschüssiges Kapital, das sie zu örtlichen Banken wie der OCBC Bank in Singapur oder der Bank of China in Hongkong brachten. Dort wurde es dann eingesetzt, um die Wirtschaftswunder von Singapur und Hongkong zu finanzieren. Charlie ist dafür, niedrigere Steuern einzusetzen, um mehr Unternehmen in die Vereinigten Staaten zu locken und dort zu halten.

69

DIE LOCKERUNG VON STANDARDS

„Es ist für die ganze Welt besser, wenn man die technischen Standards im Finanzwesen nicht lockert. Wir sind um Haaresbreite an einer totalen Katastrophe vorbeigeschrammt [...] Ich bin ein großer Fan der Menschen, die uns durch die Krise gebracht haben, aber kein großer Fan der Menschen, die uns in die Krise gebracht haben. Manche verdienen es, im tiefsten Kreis der Hölle zu schmoren."

Charlie spricht hier vom Beinahe-Kollaps unseres Finanzsystems im Jahr 2008. Wenn eine Brücke gebaut wird, verlangen die technischen Standards, dass sie Tonnen mehr tragen kann, als sich jemals auf der Brücke befinden werden. Dies schafft eine Sicherheitsmarge, die dafür sorgt, dass die Brücke nie einstürzen wird. In der Welt der Banken bemisst sich die Sicherheitsmarge nach dem Schulden-Eigenkapital-Verhältnis der Bank. Je niedriger dieses Verhältnis, desto unwahrscheinlicher ist es, dass die Bank in einer Rezession bankrottgeht. Je höher das Verhältnis, umso wahrscheinlicher ist es, dass sie in einer Rezession bankrottgeht. Im Bankwesen sollten technische Standards vorschreiben, dass die Banken sehr niedrige Schulden-Eigenkapital-Verhältnisse haben, um sicherzustellen, dass sie etwaige Verwerfungen an den Finanzmärkten aushalten. Im Jahr 2007 machten die Investmentbanken der Wall Street das genaue Gegenteil und trieben ihre Schulden-Eigenkapital-Verhältnisse auf Rekordhochs. Manche Banken hatten auf jeden Dollar Eigenkapital, den sie in ihrer Bilanz führten,

38 Dollar Schulden. Als die Große Rezession zuschlug, kollabierten viele von ihnen buchstäblich über Nacht.

TEIL III

DIE ANWENDUNG VON CHARLIES PHILOSOPHIE AUF WIRTSCHAFT UND GELDANLAGE

70

BUY AND HOLD

„Wir halten einfach die Füße still und gehen mit Gegen- und Rückenwind so gut um, wie wir können, und nach einem Jahre umfassenden Zeitraum ziehen wir Bilanz."

Sobald Charlie ein ausgezeichnetes Unternehmen zu einem fairen Preis in die Hände bekommt, weiß er, dass es am klügsten ist, daran festzuhalten und die akkumulierten Gewinne des Unternehmens sich ansammeln zu lassen. Das steigert seinen inneren Wert und sorgt im Laufe der Zeit dafür, dass auch sein Aktienkurs steigt. Berkshire kaufte 1988 Coca-Cola und besitzt es 27 Jahre später immer noch. Seine erste Position in Wells Fargo kaufte es 1990 und heute besitzt es sie nicht nur immer noch, sondern stockt sie weiterhin auf. In dieser Zeit hat der zugrunde liegende Wert der Geschäfte von Coca-Cola und Wells Fargo zugenommen und obwohl es mehrere Haussen und Baissen gegeben hat, sind ihre Aktienkurse stetig langsam gestiegen, was den steigenden Wert der zugrunde liegenden Geschäfte widerspiegelt. Wie bereits erwähnt, ist Berkshires Investment von 1,299 Milliarden Dollar in Coca-Cola aus dem Jahr 1988 heute 17,184 Milliarden Dollar wert, was für Berkshire ohne Berücksichtigung der Dividenden eine kumulierte Jahresrendite von 10,04 Prozent bedeutet. Die Anfangsinvestition in fünf Millionen Aktien von Wells Fargo zum Gesamtpreis von 289 Millionen Dollar im Jahr 1990 ist aufgrund von Aktiensplits auf 40 Millionen Aktien angewachsen und heute circa 1,9 Milliarden Dollar wert, was für Berkshire eine kumulierte Jahresrendite von 7,5 Prozent bedeutet.

71

FUSIONEN

„Wenn man Rosinen mit Scheiße mischt, hat man immer noch Scheiße."

Hier spricht Charlie von Unternehmen, die andere Unternehmen kaufen. Wenn ein großartiges Unternehmen ein miserables Unternehmen kauft, dann ergibt sich eine Mischung und das miserable Unternehmen zieht die Ergebnisse des tollen Unternehmens hinunter. Ein perfektes Beispiel für dieses Phänomen des „Mischens von Rosinen mit Scheiße" war, als sich Coca-Cola in das Filmgeschäft einkaufte. Ein anderes war, als sich Gulf and Western Industries in das Filmgeschäft einkaufte. Ein noch besseres Beispiel war, als sich Matsushita Electric in das Filmgeschäft einkaufte. Und das beste Beispiel überhaupt war, als sich der kanadische Schnapshersteller Seagram in das Filmgeschäft einkaufte. (Erkennen Sie, dass sich ein Muster abzeichnet?) Für die erwähnten großartigen Unternehmen bestand die Lösung für das Problem der Mischung eines großartigen mit einem miserablen Unternehmen darin, das miserable Unternehmen im Klo hinunterzuspülen – was gewöhnlich bedeutete, dass sie die Filmgesellschaften an andere von Stars besessene CEOs verkauften. Vielleicht hätte Charlie das noch besser so formuliert: Wenn man Kaviar mit Scheiße mischt, schmeckt man trotzdem nur die Scheiße.

72

BIS ZUM ÄUSSERSTEN GEHEN

„In der Geschäftswelt stellen wir oft fest, dass das siegreiche System es fast schon lächerlich weit treibt, eine oder mehrere Variablen zu maximieren beziehungsweise zu minimieren – wie beispielsweise die Discounter von Costco."

Costco ist davon besessen, die laufenden Kosten möglichst niedrig zu halten. Dort gibt es keine Einkaufstüten – die Kunden bringen ihre Tüten selbst mit oder verwenden eine leere Schachtel, die der Markt zur Verfügung stellt –, wodurch Costco zwei bis fünf Cent je Plastiktüte und zehn bis 25 Cent je Papiertüte spart. Das mag unerheblich erscheinen, aber bedenken Sie: Costco macht im Jahr 15 Milliarden Dollar Umsatz. Wenn der durchschnittliche Kunde pro Einkauf 100 Dollar ausgibt, bedeutet das, dass bei Costco im Jahr circa 150 Millionen Mal ein Kunde die Kasse passiert. Würden an der Kasse jeweils drei Papiertüten zu zehn Cent mitgenommen, wären das je Einkauf 30 Cent und das würde Costco, multipliziert mit 150 Millionen, im Jahr rund 45 Millionen Dollar kosten. Also könnte man sagen, dass Costco dadurch, dass es einfach die Papiertüten weglässt, im Jahr rund 45 Millionen Dollar spart.

GEICO tat etwas, das damals ungeheuerlich erschien – es schaffte schon frühzeitig die Versicherungsvertreter und ihre Provisionen ab, indem es seine Versicherungen direkt an den Verbraucher verkaufte und dadurch seine Kosten senkte. Auf diese Weise konnte es seine Versicherungsprodukte zu günstigeren Preisen anbieten und trotzdem seine Gewinnspanne halten.

Bank of America traf die extreme Entscheidung, sich auf die Privateinleger zu konzentrieren, die von den größeren Banken sträflich vernachlässigt worden waren. Während die Bevölkerung Kaliforniens zahlreicher und wohlhabender wurde, wuchsen auch Anzahl und Vermögen der Einleger der Bank of America. Infolgedessen ist Bank of America heute eine der größten Banken des Landes.

Anders als die Konkurrenz kauft der im Besitz von Berkshire Hathaway befindliche Nebraska Furniture Mart Möbel in großen Stückzahlen bei einem einzigen Hersteller und bekommt dafür immense Preisnachlässe, sodass die Läden des Unternehmens uns ein Sofa billiger verkaufen können als die Konkurrenz, aber trotzdem mit hoher Gewinnspanne.

Eines haben alle Unternehmen von Berkshire gemeinsam: Sie werden von Menschen gemanagt, die bereit sind, sehr weit zu gehen, um die Kosten niedrig zu halten. Das gilt auch für die Firmenzentrale von Berkshire – dort gibt es weder eine Abteilung für Öffentlichkeitsarbeit noch für Investor Relations. Viele Jahre lang wurde der Jahresbericht auf möglichst billigem Papier gedruckt und darin gab es keine teuren Farbfotos. (Anmerkung: In den letzten Jahren hat sich die Qualität des Papiers gebessert und der Jahresbericht protzt inzwischen mit einem Farbfoto – was vielleicht ein Anzeichen dafür ist, dass es mit dem Management langsam bergab geht.)

73

DIE GLEICHUNG DES GROSSEN GELDES

„Ein großartiges Unternehmen zu einem ordentlichen Preis ist besser als ein ordentliches Unternehmen zu einem großartigen Preis.“

Werfen wir einen Blick auf die Zahlen, die erklären, wovon Charlie hier spricht. Sagen wir, Sie können 100.000 Dollar anlegen und haben dabei die Wahl zwischen Unternehmen A und Unternehmen B.

Unternehmen A erzielt einen Gewinn pro Aktie von einem Dollar, der Gewinn wächst um 15 Prozent im Jahr und das Kurs-Gewinn-Verhältnis beträgt 20, was auf einen Aktienkurs von 20 Dollar hinausläuft (20 x 1 Dollar = 20 Dollar). Das bedeutet, dass Sie für 100.000 Dollar 5.000 Aktien von Unternehmen A bekommen würden (100.000 Dollar : 20 Dollar = 5.000).

Unternehmen B erzielt ebenfalls einen Dollar Gewinn je Aktie, dieser wächst jedoch nur um acht Prozent im Jahr und es wird mit einem KGV mit 10, also für zehn Dollar die Aktie, gehandelt. Das heißt also, dass Sie für 100.000 Dollar 10.000 Aktien von Unternehmen B bekommen (100.000 Dollar : 10 Dollar = 10.000).

Auf den ersten Blick sieht es so aus, als wäre Unternehmen B der bessere Kauf. Es erzielt einen Gewinn von einem Dollar je Aktie und kostet zehn Dollar je Aktie, was ein KGV von nur 10 ergibt. Unternehmen A, das ebenfalls einen Dollar Gewinn je Aktie erzielt, wird zu einem hohen KGV von 20 beziehungsweise für 20 Dollar je Aktie gehandelt, ist also doppelt so teuer wie

Unternehmen B. Doch wenn wir es aus der Perspektive von zehn Jahren betrachten, ergibt sich aus den prognostizierten Ergebnissen eine ganz andere Geschichte.

In zehn Jahren wird der Gewinn von Unternehmen B bei einem Jahreswachstum von acht Prozent auf 2,19 Dollar je Aktie angewachsen sein. Wird die Aktie dann immer noch zu einem KGV von 10 gehandelt, ergibt sich ein Aktienkurs von 21,90 Dollar (2,19 Dollar x 10 = 21,90 Dollar), was uns einen Ertrag von 11,90 Dollar je Aktie beschert (21,90 Dollar – 10 Dollar Kaufpreis = 11,90 Dollar). Multipliziert man den Ertrag je Aktie von 11,90 Dollar mit den 10.000 Aktien, die wir haben, ergibt sich auf unsere Anfangsinvestition von 100.000 Dollar in Unternehmen B ein Nettoertrag von 119.000 Dollar.

Indes wird der Gewinn von Unternehmen A bei einem Gewinnwachstum von 15 Prozent im Jahr bis zum zehnten Jahr auf 4,05 Dollar gestiegen sein. Werden die Aktien des Unternehmens dann immer noch mit einem KGV von 20 gehandelt, ergibt sich ein Aktienkurs von 81 Dollar (20 x 4,05 Dollar = 81 Dollar), was einen Ertrag je Aktie von 61 Dollar ergibt (81 Dollar – 20 Dollar = 61 Dollar). Multipliziert man den Ertrag je Aktie von 61 Dollar mit den 5.000 Aktien, die wir haben, ergibt sich auf unsere Anfangsinvestition von 100.000 Dollar in Unternehmen A ein Nettoertrag von 305.000 Dollar.

Unternehmen A, das bessere Unternehmen zum ordentlichen Preis, bringt uns also 186.000 Dollar mehr ein (305.000 Dollar – 119.000 Dollar = 186.000 Dollar) als die Investition in Unternehmen B, das ordentliche Unternehmen, das zu einem Preis gehandelt wird, der anfänglich als Spottpreis erscheint. In der alten Zeit, bevor Warren Charlie kennengelernt hatte, hätte er Unternehmen B gekauft. Doch nachdem Warren Charlie kennengelernt hatte, wurde er von ganzem Herzen ein Freund von

Unternehmen A. Merken Sie sich einfach: „Ein großartiges Unternehmen zu einem ordentlichen Preis ist besser als ein ordentliches Unternehmen zu einem großartigen Preis." Das hat bei Warren und Charlie gut funktioniert und es wird auch bei Ihnen funktionieren.

74

ZWEI ARTEN VON GESCHÄFTEN

„Es gibt zwei Arten von Geschäften: Das erste bringt zwölf Prozent Gewinn und man kann ihn am Ende des Jahres herausziehen. Das zweite bringt zwölf Prozent Gewinn, aber das gesamte überschüssige Geld muss reinvestiert werden – es bleibt nie Bares übrig. Das erinnert mich an den Mann, der sich all seine Anlagen betrachtet und sagt: ‚Da ist mein ganzer Gewinn.' Wir hassen diese Art von Geschäften."

Am Anfang seiner Anlegerkarriere hatte Charlie mit einem Hightechunternehmen zu tun, das ausgeklügelte Messgeräte für die Wissenschaft herstellte. Das Unternehmen erzielte gute Umsätze, aber jeder verdiente Dollar musste sofort wieder in das Geschäft investiert werden. Zu Charlies Glück verkaufte er das Unternehmen kurz vor einem Technologiewandel, der das Produkt des Unternehmens veralten ließ. Die gleiche Erfahrung machte er mit der Textilsparte von Berkshire: In guten Zeiten hatte sie Geld verdient und sogar einen kleinen Überschuss erwirtschaftet, aber mit der Zeit wurde die Konkurrenz in der Textilindustrie so groß, dass jeder Dollar, den das Unternehmen verdiente, für die Anstrengung ausgegeben werden musste, das Geschäft über Wasser zu halten.

Mit See's Candies machte Charlie die exakt umgekehrte Erfahrung – die Behälter für die Schokolade waren 50 Jahre alt und brauchten immer noch nicht ersetzt zu werden und das Produkt war Jahr für Jahr das gleiche. In diesem Geschäft waren sehr wenige Kapitalinvestitionen nötig und dadurch war es möglich, jedes Jahr Geld zu entnehmen und es in andere Unternehmen zu investieren.

75

NUR WENIGE UNTERNEHMEN ÜBERLEBEN

„Auf sehr lange Sicht zeigt die Geschichte, dass die Wahrscheinlichkeit dafür, dass ein Unternehmen auf eine Art und Weise überlebt, die für die Besitzer des Unternehmens angenehm ist, bestenfalls dünn ist."

Die meisten Unternehmen ändern sich irgendwann und viele gehen zugrunde; das war bei vielen großartigen Unternehmen aus den Bereichen Industrie, Transport und Kommunikation so. Blue Chip Stamp war ein großartiges Unternehmen, als Berkshire es in den 1960er-Jahren erstmals kaufte, aber heute existiert es nicht mehr. Als Berkshire 1993 die Dexter Shoe Company kaufte, sang Warren vor Aktionären „There's no business like the shoe business". Das galt so lange, bis Dexter Shoe, das seine Schuhe in den Vereinigten Staaten herstellte, nicht mehr mit den ausländischen Herstellern mithalten konnte, die Zugriff auf billigere Arbeitskräfte hatten. Die *Washington Post* war einst eine der einflussreichsten und profitabelsten Zeitungen der Vereinigten Staaten, doch innerhalb von nur zehn Jahren untergrub das Internet ihr Geschäftsmodell. Seit 1960 haben allein über 40 Autohersteller aufgegeben. Erinnern Sie sich noch an DeLorean? An Edsel? Oder Saab? Alle sind zum großen Gebrauchtwagenparkplatz im Himmel gefahren und man hat nie wieder etwas von ihnen gehört.

76

SEE'S CANDIES

„Als wir See's Candies kauften, kannten wir die Macht einer guten Marke noch nicht. Im Laufe der Zeit stellten wir jedoch fest, dass wir die Preise um zehn Prozent jährlich erhöhen konnten und dass das niemanden störte. Dieser Lerneffekt veränderte Berkshire. Das war wirklich bedeutsam."

Charlie lernte, dass man bei manchen Produkten die Preise erhöhen kann, ohne dass die Nachfrage zurückgeht. Die meisten Dinge, die wir in unserem Leben kaufen, sind Massenprodukte. Sie sind austauschbar: Ein Steak von Metzger X ähnelt einem Steak von Metzger Y. Das Benzin, das wir bei der einen Tankstelle kaufen, ist das gleiche wie bei einer anderen Tankstelle. Infolgedessen findet der Wettbewerb zwischen Metzgern und Tankstellen über den Preis statt. Daher ist es sehr schwer, die Preise zu erhöhen. Aber manche Markenprodukte sind im Denken der Verbraucher verankert und haben keine unmittelbaren Konkurrenten. Als Charlie und Warren erstmals solche Unternehmen entdeckten, nannten sie sie „Verbrauchermonopole". See's Candies ist eines dieser Verbrauchermonopole. Es stellt seine Süßigkeiten Jahr für Jahr mit denselben Maschinen her, was geringe Kapitalkosten bedeutet; und da seine Produktmarke im Denken der Verbraucher verankert ist, kann es die Preise langsam erhöhen, ohne dadurch die Nachfrage zu schwächen. Daraus ergeben sich höhere Gewinnspannen, See's verdient also mit jedem Stück, das es verkauft, mehr Geld. Das bedeutet, dass See's seine Preise an die

Inflation anpassen kann, und es bedeutet außerdem, dass die Rendite auf Berkshires ursprüngliche Investition Jahr für Jahr wächst: Als Berkshire See's im Jahr 1972 für 25 Millionen Dollar kaufte, erzielte das Unternehmen einen Reingewinn von 4,2 Millionen Dollar im Jahr. Im Jahr 2007 meldete Berkshire, dass See's ihm 82 Millionen Dollar einbrachte, was bedeutet, dass der Gewinn mit einer kumulierten jährlichen Rate von 8,6 Prozent gestiegen war. Im Jahr 2011 meldete Berkshire, dass ihm die 40 Jahre Besitz von See's atemberaubende 1,65 Milliarden Dollar Gewinn eingebracht hatten.

Dieses kleine Stückchen Wissen wirkte sich stark auf Berkshire aus und war integraler Bestandteil der Gleichung, die es beim Kauf von Coca-Cola einsetzte. Zwar ist Coca-Cola in der Preisgestaltung nicht ganz so frei wie See's, doch es ist im Denken der Verbraucher verankert und kann die Preise anheben, um mit der Inflation schrittzuhalten. Als Berkshire 1988 seine Coca-Cola-Aktien kaufte, erzielte das Unternehmen einen Gewinn von 1,03 Milliarden Dollar. 30 Jahre später, im Jahr 2015, meldete Coca-Cola einen Gewinn von 7,3 Milliarden Dollar, was einen Anstieg des Gewinns um insgesamt 608 Prozent beziehungsweise um durchschnittlich 20,2 Prozent im Jahr sowie eine durchschnittliche kumulierte jährliche Wachstumsrate von 6,75 Prozent ergibt.

Mit See's hatten Charlie und Warren endlich den heiligen Gral der Geldanlage gefunden: ein Unternehmen, dessen zugrunde liegender Wert immer wächst. Und um diesen Wert freizusetzen, brauchten sie nur das Investment so lange zu halten wie möglich.

77

LEICHTE ENTSCHEIDUNGEN/ SCHMERZLICHE ENTSCHEIDUNGEN

„Der Unterschied zwischen einem guten und einem schlechten Unternehmen ist, dass das gute Unternehmen einen ständig vor leichte Entscheidungen stellt. Das schlechte Unternehmen hingegen stellt einen in schöner Regelmäßigkeit vor schmerzliche Entscheidungen."

In ihrem Leben, in dem sie in Unternehmen investierten und Unternehmen besaßen, haben Charlie und Warren viele Lektionen gelernt. Beide haben zu gewissen Zeiten einige schlechte Unternehmen besessen: ein Kaufhaus, einen Windmühlenhersteller, eine Textilfabrik und eine Fluggesellschaft. Warum sind diese Unternehmen schlecht? Weil sie in Branchen mit intensivem Wettbewerb tätig sind, wo man sich gegenseitig über den Preis schlägt. Das senkt ihre Ertragsmargen, lässt ihren Cashflow versiegen und vermindert ihre Chancen, langfristig zu überleben. Aber Charlies und Warrens bittere Lektionen kommen uns zugute. Jetzt wissen wir, dass das Geheimnis darin liegt, sich immer für das bessere Unternehmen zu entscheiden, das einen dauerhaften Wettbewerbsvorteil hat und die Preise nach Gutdünken erhöhen kann. Dadurch kann es seine hohen Ertragsmargen bewahren, was eine Menge freien Cashflow erzeugt, den man für neue geschäftliche Gelegenheiten ausgeben kann.

78

BAISSEN

„Wenn man nicht bereit ist, gleichmütig zu reagieren, wenn der Markt zwei- oder dreimal in einem Jahrhundert um 50 Prozent fällt, taugt man nicht als Aktionär und man hat das mittelmäßige Ergebnis verdient, das man im Vergleich zu Menschen mit dem passenden Temperament erhält, die solche Marktschwankungen eher philosophisch betrachten können."

In den 50 Jahren, seit denen Charlie Aktien von Berkshire Hathaway besitzt, hat er es dreimal erlebt, dass der Kurs um 50 Prozent fiel. Hätte er seine Aktien während einer dieser Baissen verkauft, betrüge sein Vermögen nur einen Bruchteil des heutigen Betrags. Charlie ist überzeugt, dass es in der Natur des langfristigen Aktienbesitzes liegt, dass man gelegentlich einen scharfen Kursrückgang erlebt, von dem sich Berkshire in allen Fällen wieder vollständig erholte. Allerdings hat dieses Phänomen des Rückgangs und der Erholung mehr mit der ökonomischen Natur des Unternehmens als mit den Kursschwankungen der Aktie zu tun. Lassen Sie mich das erklären: Die großen Börsencrashs der Jahre 1929 und 1932 ließen die Aktienkurse dramatisch einbrechen und der Dow Jones Industrial Average hatte sich erst 1954 wieder vollständig davon erholt. Er brauchte also 25 Jahre, um zu seinen Hochs von vor dem Crash zurückzukehren. Hingegen kehrten Unternehmen, denen hervorragende ökonomische Gegebenheiten in die Karten spielten, also solche mit dauerhaftem Wettbewerbsvorteil wie etwa Coca-Cola und Philip Morris, bereits 1936 zu ihren Höchstständen von vor dem Crash zurück. Die mittelmäßigen Unternehmen mit schlechten ökonomischen Voraussetzungen brauchten hingegen 25 Jahre, bis die Dinge wieder rosiger aussahen. Charlie muss nie so lange warten. Warum? Weil er nur in Unternehmen investiert, denen ausgezeichnete wirtschaftliche Gegebenheiten in die Karten spielen, zum Beispiel Coca-Cola und Berkshire Hathaway, die sich somit von jedem Börsencrash schnell wieder erholen.

79

WO WIR UNSERE WETTE PLATZIEREN SOLLTEN

„Im langjährigen Durchschnitt ist es besser, auf die Qualität eines Unternehmens zu setzen als auf die Qualität des Managements … aber ganz selten findet man auch einen Manager, der so gut ist, dass es klug ist, ihm auch in ein anscheinend mittelmäßiges Unternehmen zu folgen."

Das erinnert mich an die Geschichte des Kaufhauses von Mrs. B. Mrs. B. gründete 1937 in Omaha im US-Bundesstaat Nebraska den Nebraska Furniture Mart und machte daraus das erfolgreichste Möbelhaus der Vereinigten Staaten. Berkshire kaufte ihr 90 Prozent des Unternehmens ab, als sie 89 Jahre alt war. Sie leitete das Unternehmen gemeinsam mit ihren Söhnen weiter. Fünf Jahre später geriet sie mit ihren Söhnen in Streit, verließ verärgert das Unternehmen und eröffnete auf der anderen Straßenseite ein neues Geschäft. Welchen Schaden kann eine 94 Jahre alte Frau einem milliardenschweren Konglomerat schon zufügen, das sich im Besitz und unter der Leitung von ein paar unternehmerischen Genies befindet? Innerhalb kürzester Zeit hatte sie dem Nebraska Furniture Mart so viel von seinem Umsatz abgegraben, dass Berkshire gezwungen war, Millionen Dollar aufzubringen, um sie ein zweites Mal „herauszukaufen". Jedoch ließen sie sie diesmal eine Wettbewerbsklausel unterzeichnen – eine sehr kluge Sache, wenn man bedenkt, dass sie weiterhin sieben Tage die Woche von Öffnung bis Ladenschluss arbeitete, bis sie schließlich im Alter von

104 Jahren verstarb. In der Regel sollte man zwar auf die Qualität des Unternehmens setzen, nicht auf die Qualität der Unternehmensleitung – außer natürlich, man hat eine Mrs. B. zur Hand. In diesem Fall sollten Sie alles auf eine Karte setzen.

80

ANREIZE

„Unter allen Unternehmen ist mein Lieblings-Fallbeispiel für Anreize Federal Express. Der Kern und das pochende Herz des Systems von FedEx – das zur Zuverlässigkeit des Produkts führt – besteht darin, dass alle Flugzeuge des Unternehmens mitten in der Nacht an einem Ort zusammenkommen und dass alle Pakete von einem zum anderen Flugzeug umgeladen werden. Wenn es dabei Verzögerungen gibt, kann der ganze Betrieb kein vollständig intaktes Produkt an die Kunden ausliefern. Und sie verpatzten es immer wieder. Sie schafften es nie pünktlich. Sie probierten alles Mögliche aus – moralische Überzeugungsarbeit, Drohungen und was noch alles. Nichts funktionierte. Irgendwann kam jemand auf die Idee, die Mitarbeiter nicht nach Stunden zu bezahlen, sondern pro Schicht – und wenn alles fertig war, konnten sie heimgehen. Nun ja, da waren die Probleme über Nacht gelöst."

Hier spricht Charlie über Anreize. Jeder, der schon einmal gegen Stundenlohn gearbeitet hat, weiß, dass Arbeitskräfte, wenn sie nach Stunden bezahlt werden, langsamer arbeiten, als wenn sie nach der erledigten Arbeit bezahlt werden. Warum? Wenn Sie nach Stunden bezahlt werden, haben sie einen Anreiz, langsamer zu arbeiten, damit mehr Stunden vergehen und sie mehr Geld bekommen. Aber wenn sie nach der erledigten Arbeit bezahlt werden, haben sie einen Anreiz, schnell zu arbeiten, damit sie zur nächsten Aufgabe übergehen und mehr Geld verdienen können.

Federal Express brachte die Ziele des Managements mit den Anreizen der Angestellten in Einklang. Als sie Stundenlöhne bekamen, hatten es die Mitarbeiter nie eilig, aber als sie für eine bestimmte Aufgabe entlohnt wurden – die Beladung eines Flugzeugs –, hatten sie es auf einmal eilig, den Job zu erledigen. Entscheidend war nicht, ob die Arbeiter nach Stunden oder nach Schichten bezahlt wurden, sondern die Tatsache, dass sie heimgehen durften, wenn sie früher fertig waren. Das war insofern eine finanzielle Belohnung, als sie auch dann für die volle Schicht bezahlt wurden, wenn sie früher gingen.

81

AIG UND GE

„AIG hat große Ähnlichkeiten mit GE. Es ist ein sagenhaft erfolgreicher Versicherungskonzern und im Zuge des Erfolgs hat er sich in massives Carry-Business verwandelt – es leiht sich große Geldsummen zu einem bestimmten Preis und investiert sie zu einem anderen Preis. AIG war ein großer Akteur, der große Ähnlichkeiten mit GE Credit hatte. Wir haben beide nie gekauft, denn bei großen Kreditgeschäften mit aufgeblähten Bilanzen machen uns selbst die besten und klügsten Menschen nervös. Es macht mich ganz einfach nervös, wenn sich so viele Menschen so viele Milliarden leihen."

Es zeigte sich, dass Charlie recht gehabt hatte: Der Carry-Trade trieb in den Jahren 2007 bis 2009 AIG und GE beinahe in den Bankrott. Und im Jahr 2015 begann GE mit dem Verkauf seiner Finanzsparte. Sich kurzfristig Geld zu günstigen Zinsen zu leihen und es langfristig zu höheren Zinsen auszuleihen ist eine bequeme Möglichkeit, tonnenweise Geld zu verdienen, solange man die kurzfristigen Kredite zu günstigen Zinsen „durchrollen" kann. Wenn aber die kurzfristigen Zinsen über den Satz steigen, zu dem das Geld geliehen wurde, oder wenn die Banker beschließen, die kurzfristigen Darlehen nicht mehr durchzurollen, dann stürzt das Ganze wie ein Kartenhaus in sich zusammen. GE lernte dies auf die harte Tour und dies ist auch der Grund, weshalb es sich von seinen Finanzgeschäften verabschieden will.

82

WENIGER SCHULDENHEBEL

„Wie man am operativen Geschäft von Berkshire sieht, sind wir viel konservativer. Wir leihen uns weniger Geld zu günstigeren Konditionen. Wir sind mit weniger Hebel glücklicher. Man könnte argumentieren, dass wir uns auch schon geirrt haben und dass uns das ein Vermögen gekostet hat, aber das stört uns nicht. Irgendeine Gelegenheit zu verpassen stört uns nie. Was ist falsch daran, wenn jemand ein bisschen reicher wird als man selbst? Sich darüber zu ärgern ist verrückt.“

Charlie hat gelernt, dass Hebelwirkung und Neid eine tödliche Kombination sind. „Hebel“ ist nur ein anderes Wort für Schulden. Die Verlockung, Schuldenhebel einzusetzen, besteht darin, dass man dadurch mit seinem Eigenkapital noch mehr Geld verdienen kann. Doch der Einsatz von Leverage steigert nicht nur den Gewinn, wenn es wie gewünscht läuft, sondern auch den Verlust, wenn es nicht so läuft. Die Manager von Investmentbanken setzen sehr gerne lange Schuldenhebel ein. Wie bereits gesagt: Wenn ihre schuldfinanzierten Wetten wie erwartet laufen, können sie rechtfertigen, dass sie zig Millionen Dollar an Bonuszahlungen erhalten. Wenn sie aber ihre Wetten verlieren, schieben sie die Schuld dem Markt zu und hoffen, dass ihre Handelsverluste durch die sonstigen Geschäftstätigkeiten der Bank gedeckt werden können. Manchmal jedoch verursacht der Einsatz von Schuldenhebeln so hohe Handelsverluste, dass sie das Unternehmen in den Bankrott treiben.

Wieso geraten Banken in diesen Schlamassel? Aus Neid. Sie sehen, dass Leute in anderen Banken Millionen verdienen, und sie wollen ebenfalls das große Geld machen. Also schichten sie immer mehr Schuldenschichten übereinander, um ihren Gewinn zu vergrößern. Wie sehr plustern sie sie auf? Bei einer normalen Geschäftsbank möchte die Einlagensicherungsbehörde FDIC ein Schulden-Eigenkapital-Verhältnis von 10 zu 1 sehen. Als Lehman Brothers Pleite machte, hatte die Bank ein Schulden-Eigenkapital-Verhältnis im Bereich von 30 zu 1. Damit hatte sie einen Haufen Geld verdient, bis sich das Blatt wendete und sie dadurch in den Bankrott getrieben wurde.

Charlie und Warren haben es bei Berkshire schon immer vermieden, lange Hebel oder hohe Schulden einzusetzen. Außerdem versuchen sie, nicht in Unternehmen mit geringer Eigenkapitalquote zu investieren. Das führt im Endeffekt dazu, dass Berkshire von den schuldengespeisten Torheiten anderer profitieren kann, ohne selbst dabei mitzumischen.

83

MASTERPLÄNE

„Bei Berkshire hat es noch nie einen Masterplan gegeben. Jeden, der einen anfertigen wollte, warfen wir hinaus, denn so etwas entwickelt ein Eigenleben und bildet neue Realitäten nicht ab. Wir wollen, dass die Menschen neue Informationen berücksichtigen."

Die Geschäftswelt ist dynamisch. Ähnlich wie ein Schlachtfeld verändert sie sich schnell und niemand hat sich mehr Gedanken über die Anwendung von „Masterplänen" auf einen dynamischen Rahmen gemacht als der preußische Militärstratege Carl von Clausewitz. Im 19. Jahrhundert schrieb er, eine Schlacht sei „eine stetige Wechselwirkung von Gegenteilen", bei der „mir der Gegner genauso viel diktiert wie ich ihm". Auch schrieb er: „Kein Schlachtplan überlebt das erste Treffen mit dem Feind." Doch mein absolutes Lieblingszitat zu diesem Thema stammt von keinem anderen als dem preußischen Generalfeldmarschall Helmuth von Moltke, der schrieb: „Die sachlichen und moralischen Folgen jeder großen Schlacht sind so weitreichend, dass sie gewöhnlich eine vollkommen veränderte Situation hervorbringen, eine neue Grundlage für das Ergreifen neuer Maßnahmen. Man kann sich überhaupt nicht sicher sein, dass irgendein operativer Plan das erste Treffen mit der Hauptstreitmacht des Feindes überstehen wird. Nur ein Laie kann annehmen, dass der Verlauf eines Feldzugs die strenge Anwendung eines vorgefassten Konzepts darstellt, das bis in alle Einzelheiten ausgearbeitet wurde und bis zum bitteren Ende befolgt wird."

Das soll nicht heißen, dass man keine Pläne für die Lösung spezifischer Probleme haben sollte. Das sollte man durchaus, doch man sollte sich dabei an Charlies Ratschlag halten und Pläne ausarbeiten, die in ihrem Verlauf neue Informationen berücksichtigen. Und ein umfassender Masterplan, der ein Unternehmen für die nächsten zehn Jahre ausrichten soll, ist unrealistisch und selten die Zeit und Mühe wert, die dafür aufgewendet wurde. Viel besser ist es, die Dinge einfach zu halten und im Verlauf zu improvisieren. Immer wenn ich an „Masterpläne" denke, fällt mir Mrs. B ein, die Gründerin des Nebraska Furniture Mart, die auf die Frage, ob sie einen Geschäftsplan habe, mit ihrem starken russischen Akzent erwiderte: „Ja, billig verkaufen und die Wahrheit sagen." Sie war ein unternehmerisches Genie.

84

DEZENTRALISIERUNG

„Wie [Berkshire] organisiert ist? Ich glaube nicht, dass in der Weltgeschichte einmal etwas von der Größe Berkshires derart dezentral organisiert war."

Charlie und Warren haben etwas getan, das in der Welt der unternehmerischen Konglomerate einzigartig ist – sie haben die Idee der Synergie abgelehnt. Was passiert, das passiert, aber den Leitern aller Tochterunternehmen von Berkshire steht es frei, mit wem auch immer und wann auch immer Geschäfte zu machen, selbst wenn es ein Konkurrent eines anderen Tochterunternehmens von Berkshire ist.

Anders als die meisten Konzerne hat Berkshire kein Quotensystem, das den Firmenzentralen auferlegt wird und von den Tochterunternehmen verlangt, dass sie die Zahlen der Zentrale erfüllen. Bei Berkshire hat der CEO, der die Tochter leitet, das Sagen und legt das Soll fest.

Die Kultur von Berkshire ist auch in der Hinsicht einzigartig, dass es Unternehmen auslaufen lässt – das bedeutet, dass eine Tochter mit rückläufigem Umsatz und schlechten Aussichten nicht verkauft wird, sondern so lange ihren Geschäftsbetrieb fortsetzt, bis es Zeit wird, die Tore zu schließen. So geschehen mit den Textilfabriken von Berkshire Hathaway. Es kommt nicht vor, dass eine hundertprozentige Tochter von Berkshire abgestoßen wird, weil sie schlecht läuft – so wie es CEO Jack Welch bei General Electric zu tun pflegte.

Diese Strategie der Dezentralisierung, die schon an Machtverzicht grenzt, gibt den Managern der Unternehmenstöchter von

Berkshire – also den Menschen mit dem besten Wissen – die Freiheit, ihr Unternehmen nach ihrem Ermessen an das wirtschaftliche Umfeld anzupassen, ohne dass sich eine weniger gut informierte Konzernzentrale einmischt. Außerdem können Charlie und Warren so die Kosten und Ineffizienzen vermeiden, die damit einhergehen, eine umfangreiche Konzernbürokratie zu betreiben. Manchmal ist weniger wirklich mehr.

85

ENRON

„Die Fackelträger der Buchhaltung haben einen noblen Beruf, aber diese Menschen haben uns auch Enron beschert.“

Enron war ein Energie-, Rohstoff- und Netzunternehmen, das im Jahr 2000 einen Umsatz von 111 Milliarden Dollar erzielte. Die Zeitschrift *Fortune* hatte Enron sechs Jahre in Folge zum innovativsten Unternehmen des Landes gekürt. Im Jahr 2001 kam heraus, dass eine der größten Innovationen von Enron kreativ geplanter Bilanzbetrug war. Das Unternehmen hatte seinen Gewinn frisiert, indem es massive Anlageverluste dadurch aus der Bilanz entfernte, dass es sie in Offshore-Beteiligungen auslagerte. Enron war bereits seit längerer Zeit insolvent, doch dank der Hilfe seiner Wirtschaftsprüfungsgesellschaft Arthur Andersen konnte es die Investoren, die Banken und die Öffentlichkeit viele Jahre lang täuschen. Als der Betrug enthüllt wurde, wurden strafrechtliche Vorwürfe gegen die Unternehmenslenker erhoben, Enron ging ins Konkursverfahren und es kam zu Prozessen gegen das Unternehmen sowie gegen die Wirtschaftsprüfungsfirma. Eine Folge davon war die Auflösung von Arthur Andersen.

Das Schockierendste daran war, dass Arthur Andersen, das damals zur Spitze der Wirtschaftsprüfer der Nation zählte, als Komplize an den betrügerischen Handlungen beteiligt war. Manchmal können sehr kluge Menschen sehr dumme Sachen machen.

86

GM

„Berkshire ist an GM beteiligt, weil es einem unserer jungen Männer gefällt. Warren konnte als junger Mann machen, was er wollte, und so ist das eben. Es stimmt, dass GM am Ende vielleicht vom Staat gestützt wird, und es könnte am Ende eine gute Investition sein, aber die Branche ist die wettbewerbsintensivste, die ich je gesehen habe. Jeder kann gute Autos bauen, sie haben dieselben Zulieferer und Autos halten ewig. Alles Kennzeichen von Massenprodukten. Deshalb glaube ich nicht, dass man unbedingt in die Autoindustrie investieren muss.“

Eines der Mysterien des Portfolios von Berkshire in der jüngeren Vergangenheit lautet: Warum kaufte sich das Unternehmen in GM ein? Die Autoindustrie ist eine höchst wettbewerbsintensive Branche, die ein Produkt herstellt, bei dem vor allem über den Preis konkurriert wird – und es gibt zwar Jahre, in denen GM eine Menge Geld verdient, aber es hat auch eine Vorgeschichte von Jahren mit hohen Verlusten. Als im Jahr 1996 „Buffettology“ geschrieben wurde, schrieb ich darüber, dass GM ein Massenprodukt herstellt und seinen Anlegern noch nie wirklich Geld eingebracht hat. Seine Vorgeschichte verzeichnet Aufschwünge und Niedergänge. Im Jahr 2007 wurde es von einer Krise erfasst und machte 38 Milliarden Dollar Verlust. Im nächsten Jahr, also 2008, verlor es 30 Milliarden Dollar. Als GM im Jahr 2009 Insolvenz beantragte, hatte es ein Vermögen von 82 Milliarden Dollar und Schulden in Höhe von 172 Milliarden Dollar und die Zahlungslücke von 90 Milliarden Dollar gab den Aktionären den Rest.

Die Bundesregierung injizierte 50 Milliarden Dollar in eine neue Gesellschaft, die die alten Vermögenswerte von GM aufkaufte. Im Jahr 2015 meldete das neue GM 9,6 Milliarden Dollar Gewinn bei einem Umlaufvermögen von 194 Milliarden Dollar und Verbindlichkeiten von insgesamt 63 Milliarden Dollar, es besaß also ein komfortables Polster von 131 Milliarden Dollar. Heute erscheint GM wie ein vollkommen neues Wesen, bis auf eines: Es stellt immer noch in einer umkämpften Branche ein Massenprodukt her. Einer der neuen Investmentmanager von Berkshire mag es für eine gute langfristige Wette halten, aber Charlie ist immer noch nicht der Meinung, dass die Autobranche der rechte Ort für Investments ist.

87

ISCAR

„Als wir jung waren, wussten wir nicht, um welche Dinge wir uns bemühen sollten, doch zu der Zeit, als wir Iscar bekamen, das wir nie gekauft hätten, als wir jung waren, wussten wir, dass wir uns um die richtigen Leute bemühen mussten. Das ist ein Wahnsinnsunternehmen. Da stimmt alles. Ist es nicht toll, dass wir immer dazulernen? Besser spät als nie."

Iscar ist ein weltweit tätiger Hersteller von Präzisions-Zerspanungswerkzeugen für die Industrie mit Sitz in Israel. Es ist auf diesem Gebiet der dominierende Akteur. Im Jahr 2006 kaufte Berkshire für vier Milliarden Dollar 80 Prozent des Unternehmens und im Jahr 2013 die restlichen 20 Prozent für zwei Milliarden Dollar – was zeigt, dass es 2013 ein besseres Unternehmen war als 2006. Iscar war das erste Unternehmen außerhalb der Vereinigten Staaten, das Berkshire komplett kaufte. Benjamin Graham hätte es niemals gekauft, denn es wurde nicht unterhalb seines Buchwerts gehandelt – seine Vorstellung von einem Schnäppchen. Charlie und Warren lernten durch den Kauf von Nebraska Furniture Mart, dass dann, wenn der dominierende Akteur groß genug ist und eine ausreichend treue Kundenbasis hat, die Kosten für einen Markteintritt für potenzielle Konkurrenten zu hoch sind. Größe und Marktbeherrschung können eine eigene Art von dauerhaftem Wettbewerbsvorteil schaffen und Iscar besitzt von beidem reichlich.

88

WELLS FARGO

„Selbst die besten Banken kommen im Laufe der Zeit vom rechten Weg ab und begehen Dummheiten, aber ich gehe davon aus, dass Wells Fargo es besser machen wird.“

Hiermit sagt Charlie, dass auch Wells Fargo Dummheiten begehen wird, aber eben nicht so viele und hoffentlich keine so großen wie beispielsweise Citicorp in der Vergangenheit. Das rührt von dem Wert her, der der Qualität des Managements beigelegt wird, seiner Integrität und seiner Fähigkeit, sich auf das Wesentliche zu konzentrieren. Selbst Wells Fargos gesamtes Derivate-Engagement in Höhe von fünf Billionen Dollar ist winzig im Vergleich zu den 63 Billionen von JPMorgan Chase, den 60 Billionen von Citicorp und den 57 Billionen von Goldman Sachs. Das sagt uns, dass bei der nächsten Implosion des Derivatemarkts Wells Fargo vielleicht die letzte überlebende Großbank sein wird.

89

MCDONALD'S

„Das ist ein nettes College, aber der wahre Pädagoge ist McDonald's. [...] Ich glaube, vieles, was dort passiert, ist besser als in Harvard."

Eine Kette ist nur so stark wie ihr schwächstes Glied und es ist egal, wie stark die stärksten Glieder sind, wenn sie mit den schwächsten verbunden sind. Hier erklärt Charlie, dass McDonald's die schwächsten Glieder unserer Kultur stärkt, indem es Menschen mit einer schlechten Arbeitseinstellung einstellt, ihnen eine Ausbildung verschafft und ihnen eine gute Arbeitseinstellung beibringt, zum Beispiel dass sie pünktlich zur Arbeit kommen und freundlich mit den Kunden umgehen. Es kann sich auf die Fahne schreiben, dass es im Laufe der 60 Jahre seit seiner Gründung buchstäblich Millionen junger Amerikaner eine gute Arbeitseinstellung beigebracht hat. Und da McDonald's in 118 Ländern vertreten ist und rund um den Globus 1,7 Millionen Menschen beschäftigt, kann man behaupten, dass es das mit Menschen auf der ganzen Welt tut. Das ist eine Wahnsinnsleistung, die nicht einmal Harvard für sich in Anspruch nehmen kann.

90

LIQUIDITÄT

„Nach der Südseeblase ächtete Großbritannien börsennotierte Unternehmen – nur Privatunternehmen waren erlaubt. Und das Land war 100 Jahre lang weltweit führend. Eine bescheidene Menge an Liquidität ist eine gute Sache. Zu viel Liquidität schadet der Natur des Menschen. Ich würde nie eine Anstellung finden, wenn ich das sagen würde. Aber ich habe recht und sie haben unrecht."

„Südseeblase" bezieht sich auf die South Sea Company, eine 1711 gegründete britische Aktiengesellschaft, die dazu beitragen sollte, die Staatsschulden Englands zu senken. (Erst im Ersten Weltkrieg entdeckte England die Finanzierung von Defiziten mithilfe der Notenpressen.) Die britische Regierung gewährte der South Sea Company ein Monopol auf den Handel mit Südamerika, nachdem diese Zahlungen an viele Parlamentsmitglieder geleistet hatte. Dank der Aussicht auf die Reichtümer, die aus dem Handelsmonopol resultieren würden, und dank der Übernahme der Staatsschulden wurde die Aktie des Unternehmens zur beliebtesten ihrer Zeit und der Aktienkurs stieg weit über das hinaus, was das Unternehmen an sich wert war. Als sich die Gewinne nicht einstellten, brach der Aktienkurs zusammen und viele Menschen, darunter auch Adlige, verloren ihr Vermögen. Als Reaktion auf die Südseeblase verabschiedete England 1720 ein Gesetz namens Bubble Act, das die Gründung von Aktiengesellschaften ohne königliche Genehmigung verbot, und die genehmigten

Gesellschaften durften nicht an der Börse gehandelt werden. Während der nächsten hundert Jahre war England im Welthandel führend.

Damit kommen wir zur Frage der Liquidität. Die Liquidität gibt an, wie leicht sich Vermögenswerte in Bargeld verwandeln lassen, in diesem Fall wie leicht es ist, Aktien gegen Bargeld zu verkaufen. Je aktiver der Markt für gewisse Aktien ist, desto liquider sind diese Aktien. Eines der Argumente, die die Wall Street für Derivate vorbringt, besagt, dass sie die Liquidität steigern – doch zu welchem Preis und ist es diesen Preis am Ende wirklich wert? Charlie glaubt das nicht.

91
SINGAPUR

„In einer Demokratie ist jeder einmal dran. Aber wenn man wirklich viel Weisheit will, ist es besser, Entscheidungen und Prozesse in einer Person zu vereinigen. Es ist kein Zufall, dass Singapur, wenn man den Ausgangspunkt betrachtet, eine viel bessere Bilanz hat als die Vereinigten Staaten. Dort war die Macht in der überaus talentierten Person von Lee Kuan Yew, dem Warren Buffett Singapurs, konzentriert."

Am besten fange ich wohl mit einem Zitat von Lee Kuan Yew selbst an: „Von wenigen Ausnahmen abgesehen hat die Demokratie jungen Entwicklungsländern keine guten Regierungen beschert. [...] Was Asiaten wertschätzen, ist nicht unbedingt das, was Amerikaner oder Europäer wertschätzen. Westler schätzen die Freiheiten des Individuums. Als Asiate mit chinesischem kulturellen Hintergrund schließen meine Werte eine Regierung ein, die ehrlich, effektiv und effizient ist." Und als Premierminister von Singapur von 1959 bis 1990 tat er genau das: Er schuf eine Regierung, die ehrlich, effektiv und effizient war.

Damit die Staatsbediensteten ehrlich blieben, bezahlte ihnen Lee das Gleiche, was sie in der Privatwirtschaft hätten verdienen können. Um das Wirtschaftswachstum anzuheizen, hofierte er multinationale Unternehmen, damit sie in Singapur Fabriken bauten, wobei er ihnen Steuererleichterungen gewährte und bei der Beschaffung von Finanzierungen half. Um neuen Unternehmen bei der Kapitalbeschaffung zu helfen, verwandelte er Singapur in ein internationales Finanzzentrum, indem er für Banken vorteilhafte Gesetze einführte und für eine stabile Währung sorgte. Um den Wirtschaftsaustausch mit den beiden damals mächtigsten Finanzzentren der Welt – New York und London – zu erleichtern, führte er Englisch als Landessprache ein. Als Reaktion darauf bauten US-amerikanische Unternehmen wie Texas Instruments, Hewlett-Packard und General Electric ihre ersten asiatischen Fabriken in Singapur.

Der Schlüssel zu allem war, dass er die stabile, korruptionsfreie Arbeitsumgebung bereitstellte, die sie brauchten, um zu wachsen und zu gedeihen. Im Zuge dessen entwickelte sich Singapur von einem Drittweltland in ein Finanz- und Herstellungszentrum des 21. Jahrhunderts von Weltrang. Lees Buch „From Third World to First: The Singapore Story" ist durchaus lesenswert. Charlie verliebte sich so sehr in Lee, dass er eine Bronzebüste von ihm anfertigen ließ, die der in seinem Besitz befindlichen von Benjamin Franklin Gesellschaft leisten kann.

TEIL IV

CHARLIES RATSCHLÄGE ZU LEBEN, BILDUNG UND DEM STREBEN NACH GLÜCK

92

EIN SCHRITT NACH DEM ANDEREN

„Verbringen Sie jeden Tag mit dem Versuch, ein bisschen weiser zu sein als in dem Moment, als Sie aufgewacht sind. Erfüllen Sie Ihre Pflichten getreulich und gut. Fechten Sie das zentimeterweise aus, Tag für Tag. Am Ende des Tages bekommen die meisten Menschen – wenn sie lange genug leben – das, was sie verdienen."

Das ist Charlies Methode, im Leben schrittweise voranzukommen, so ähnlich wie in der Fabel von der Schildkröte und dem Hasen. Für diejenigen unter uns, die sich nicht mehr daran erinnern: Der unendlich viel schnellere Hase verliert ein Wettrennen gegen die viel langsamere, aber beständigere Schildkröte, die stetig Zentimeter um Zentimeter vorankriecht. Auf Charlies Leben bezogen – als er praktizierender Anwalt war, betrieb er sein eigenes Weiterbildungsprogramm und lernte jeden Tag eine Stunde lang etwas über Dinge wie Grundstückserschließung und Aktieninvestitionen. Am Anfang ging es schleppend voran, doch nach vielen Jahren und nach Tausenden gelesenen Büchern begann er das Wechselspiel zwischen den verschiedenen Wissensgebieten und die Tatsache zu erkennen, dass sich Wissen ebenso wie Geld verzinsen kann und einem die Welt, in der man lebt, zunehmend bewusster machen kann. Er äußert oft, dass er mit 90 ein viel besserer Anleger sei, als er es mit 50 gewesen sei, und schreibt dies dem Zinseszinseffekt des Wissens zu.

93

WAS WIR VERDIENEN

„Die beste Art, einen guten Ehepartner zu bekommen, ist, sich einen guten Ehepartner zu verdienen."

Ich glaube, damit will uns Charlie sagen, dass wir in Herzensangelegenheiten meistens bekommen, was wir verdient haben. Gute Menschen finden eher gute Menschen, mit denen sie vor den Altar treten, und schlechte Menschen heiraten eher ebenso negative Menschen. Er hat diese Theorie auf die Geschäftswelt angewandt, indem er Berkshire zu einem guten, vertrauenswürdigen Hüter der wundervollen Unternehmen gemacht hat, die es kauft. Er zieht Unternehmenseigentümer an, die ihm ihre heiß geliebten Unternehmen verkaufen wollen. Qualität zieht Qualität an, im Geschäftsleben wie in der Ehe.

94
GROSSE IDEEN NUTZEN

„Kenne die großen Ideen der großen Disziplinen und verwende sie routinemäßig – nicht nur ein paar davon, sondern alle.“

Charlie hat einen Abschluss von der Harvard Law School, er studierte am California Institute of Technology Meteorologie und er ist sehr belesen in den Bereichen Psychologie, Naturwissenschaften, Wirtschaft und Geschichte. Wie setzt er dieses Wissen in der Welt der Geldanlage ein?

Wenn man die Psychologie versteht, kann man begreifen, wieso ein Produkt wie Coca-Cola im Denken von Verbrauchern verankert sein kann – was es zu einem Kandidaten für eine langfristige Investition macht.

Da sich Charlie mit dem Notenbankwesen befasst hatte, wusste er in der Bankenkrise 2007-2009, dass dann, wenn die Fed die Banken verstaatlicht hätte und somit im Endeffekt ihre Eigentümerin geworden wäre, im Prinzip das gesamte Kapital vernichtet worden wäre – was die Aktionäre dazu bewogen hätte, aus allen Banken zu flüchten, sodass nicht einmal mehr die beste Bank in der Lage gewesen wäre, sich neues Aktienkapital zu beschaffen. Er wusste, dass der sicherste und rationalste Weg, den die Fed einschlagen konnte, Kapitalspritzen für die in Schwierigkeiten geratenen Banken durch den Kauf von Vorzugsaktien sein würde. Diese stellen ja eine Art Schuldverschreibungen dar, die in der Bilanz als Eigenkapital geführt werden, verwässern jedoch nicht die Beteiligungen der Stammaktionäre. Also deckte sich Charlie, wie schon gesagt, im Jahr 2008, als die Bank-Aktien aufgrund der Befürchtung Prügel bezogen, die Fed müsste sie vielleicht verstaatlichen, mit Wells-Fargo-Aktien zu 8,58 Dollar das Stück ein. Heute wird die Aktie für circa 47 Dollar gehandelt. Hätte sich Charlie nie damit befasst, wie Zentralbanken wie die Fed funktionieren, hätte er sich der großen Masse der furchtsamen Anleger angeschlossen, die von Bord gingen, anstatt den Kauf ihres Lebens zu tätigen.

95

KARRIEREBERATUNG

„Drei Regeln für die berufliche Laufbahn:
(1) Verkaufe nie etwas, das du selbst
nicht kaufen würdest.
(2) Arbeite nicht für jemanden,
den du nicht achtest und bewunderst.
(3) Arbeite nur mit Menschen,
mit denen es dir Spaß macht."

Eine Karriereberatung von Charlie ist immer ein Geschenk. Warum keine Dinge verkaufen, die wir selbst nicht kaufen würden? Weil es in allen Büchern, die je über das Verkaufen geschrieben wurden, heißt, dass wir dann, wenn wir ein Produkt nicht mögen, nicht verstehen oder wenn wir nicht von ihm überzeugt sind, bei dem Versuch, es zu verkaufen, katastrophal versagen. Großartige Verkäufer glauben an ihre Produkte. Das ist eines der Geheimnisse ihres Erfolgs.

Warum nicht für Menschen arbeiten, die wir nicht respektieren? Weil sie uns nichts beibringen und uns nicht dabei helfen können, unseren Intellekt und unser Leben voranzubringen.

Warum sollten wir nicht für Menschen arbeiten, mit denen es uns keinen Spaß macht? Weil die Arbeit unser Leben ist und ein Maß für ein gelingendes Leben darin besteht, dass uns das, was wir tun und womit wir unsere Zeit verbringen, Spaß macht. Wenn wir auf der Arbeit unglücklich sind, ist es, selbst wenn wir Millionen verdienen, ein schlecht gelebtes Leben.

96

ALLWISSENDE

„Ich versuche Leute loszuwerden, die Fragen zu Dingen, über die sie eigentlich nichts wissen, stets selbstbewusst beantworten."

Hier geht es um ein Vertrauensproblem. Wenn die Menschen nicht die Integrität besitzen, es zuzugeben, wenn sie etwas nicht wissen, wie kann man ihnen da jemals vertrauen? Es ist viel besser, sich von solch einer Person zu trennen und jemanden mit etwas mehr intellektueller Ehrlichkeit zu finden. Wieder einmal demonstriert Charlie, dass er ebenso sehr wissen will, was man nicht weiß, wie er wissen will, was man weiß. Die Meinung von jemandem, der dazwischen nicht unterscheiden kann, ist nutzlos.

97

VERGEUDETE BILDUNG

„Ein hoher Anteil der Caltech-Absolventen geht in die Finanzwelt. [...] Sie werden eine Menge Geld damit verdienen, dass sie Kunden schröpfen, die nicht so schlau sind wie sie. Das ist ein Fehler. Ich betrachte das als Verluste, die dadurch entstehen, dass unsere besten Talente sich in irgendwelche Bereiche verirren, in denen sie Geld scheffeln."

Es gab einmal eine Zeit, da war Caltech eine der großartigsten naturwissenschaftlichen und ingenieurwissenschaftlichen Hochschulen der Welt. Sie ist die Heimat des Jet Propulsion Laboratory der NASA. Charlie hat dort in den 1940er-Jahren studiert. Im Jahr 2010 war das große Geld, das dadurch verdient wurde, dass man Glücksspiele mit Derivaten betrieb, die an der Wall Street geschnürt worden waren, für die Professoren und Studenten der Caltech zu verlockend. Sie begannen, ihre Energie und ihren Fokus weg von Themen wie der Erforschung des Weltraums und fortgeschrittener Computertechnologie hin zur Konstruktion ausgeklügelter mathematischer Modelle zu verlagern, die den Handelsabteilungen der Wall Street helfen sollten, den Investmentbanken noch mehr Geld einzubringen. Aus Charlies Sicht sollten die besten, brillantesten jungen Köpfe Lösungen für die Probleme der Welt entwickeln und nicht ihren Verstand darauf verschwenden, bessere Möglichkeiten zu finden, um ein Glücksspiel in einem Wall-Street-Casino zu gewinnen.

98

DUMMHEIT EINGESTEHEN

„Ich mag Menschen, die zugeben, dass sie komplett dämliche Esel gewesen sind. Ich weiß, dass ich mehr Leistung bringe, wenn ich mir meine Fehler unter die Nase reibe. Das ist ein wunderbarer Trick, um etwas zu lernen."

Charlie ist überzeugt, dass wir nur dann aus unseren Fehlern lernen können, wenn wir Verantwortung für sie übernehmen und genau überprüfen, warum wir versagt haben. Jemand anderem die Schuld geben und sich vor der Verantwortung drücken ist eine verpasste Chance, etwas zu lernen. Deshalb weist der Jahresbericht von Berkshire immer gleich auf Warrens und Charlies Patzer sowie auf die Lehren hin, die sie daraus gezogen haben – wie zum Beispiel ihre Investition in US Airways, die sie anfangs für gut hielten, die sich dann aber als große Enttäuschung erwies. Diese Übung, „sich selbst etwas unter die Nase zu reiben", ist ein Grund, weshalb sie den gleichen Fehler nie zweimal machen.

99

FEHLER MACHEN

„Es ist unmöglich, ein gelungenes Leben ohne viele Fehler zu führen. Tatsächlich besteht einer der Tricks im Leben darin, so zu werden, dass man mit Fehlern umgehen kann. Nicht mit psychologischer Verleugnung umgehen zu können ist ein verbreiteter Pfad für die Menschen auf dem Weg in die Pleite."

Es ist beruhigend, das zu hören – dass es in Ordnung ist, Fehler zu machen. Charlie ist heute ein besserer Anleger, weil er zu lange bei einer Hausse dabei war und im Crash 1973-1974 massakriert wurde. Auch ist er ein besserer Anleger wegen der Probleme, mit denen Berkshire nach dem Kauf von Dexter Shoe konfrontiert war. Und vergessen wir auch nicht den Albtraum, den Charlie mit Salomon Brothers erlebte und der Berkshire beinahe die gesamte Investition von 700 Millionen Dollar in das Unternehmen kostete. Dann gab es noch Probleme mit dem Kaufhaus Hochschild Kohn in Baltimore und wie schon erwähnt mit US Airlines. Dies waren große geschäftliche Fehleinschätzungen, die oft Millionen Dollar kosten. Doch sie bereiteten die Bühne für eine stark verbesserte Anlagestrategie, die sich später in Form von Milliarden auszahlte.

100

SPEZIALISIERUNG

„Extreme Spezialisierung ist der Weg zum Erfolg. Die meisten Menschen sind besser damit bedient, sich zu spezialisieren, als mit dem Versuch, die Welt zu verstehen."

Die Spezialisierung ist für jede Spezies der Schlüssel zum Überleben und sie ist für jedes Unternehmen der Schlüssel zum Erfolg. Spezialisierung schützt einen vor der Konkurrenz. Wieso? Weil Spezialisierung für die Konkurrenz eine Eintrittsbarriere darstellt – und je schwieriger es ist, sich zu spezialisieren, umso höher die Barriere. Wenn wir nur das machen, was alle anderen machen, verbringen wir unser Leben damit, mit allen anderen zu konkurrieren. Aber wenn wir uns auf etwas spezialisieren und darin hervorragend sind, dann hebt uns die Spezialisierung vom Rest der Meute ab. Bringt man seinen Porsche zum örtlichen Automechaniker, der an den Autos aller arbeitet? Natürlich nicht. Man bringt ihn in die Werkstatt, die auf Porsche spezialisiert ist. Die verlangt das Doppelte des üblichen Stundensatzes und kann sich das erlauben, weil sie ein „Porsche-Spezialist" ist.

Das gleiche Phänomen ist in der Medizin, in der Juristerei und sogar in Handwerksberufen wie Klempner oder Zimmermann anzutreffen. Das große Geld machen die Spezialisten – und alle anderen das kleine Geld.

101

NICHT ARBEITEN

„Ich habe in meinem Leben die Erfahrung gemacht,
dass man nicht zu arbeiten braucht,
wenn man nur immer nachdenkt und liest."

Sind Sie der Sackgasse des Jobs an der Wall Street überdrüssig? Geht Ihnen Ihr Chef auf die Nerven? Ihre Derivate stehen kurz davor, zu platzen und Ihre lukrative Karriere zu beenden? Denken Sie einfach weiterhin nach und lesen Sie, dann wird es Ihnen gut gehen. Wieso? Weil das aus Charlies Sicht alles ist, worum es bei der Geldanlage geht: Man denkt viel nach und man liest viel. Es heißt, Charlie lese bis zu 600 Seiten am Tag – was drei Zeitungen täglich und jede Woche mehrere Bücher einschließt. Ach ja, ab und zu geht er auf ein Clubsandwich und eine Cola in den Los Angeles Country Club. Der Mann weiß, wie man es zwischen den Lesemarathons auch einmal krachen lässt.

102

NICHT ÜBER SEINE VERHÄLTNISSE LEBEN

„Mozart ist ein gutes Beispiel für ein Leben, das durch Verrücktheit ruiniert wurde. Das schmälert seine Leistungen nicht – er mag durchaus die größte angeborene musikalische Begabung aller Zeiten gehabt haben –, aber er war von Anfang an ziemlich unglücklich. Er lebte sein gesamtes Leben lang über seine Verhältnisse – und das macht einen unglücklich."

Einer der Schlüssel zu dem Vermögen, das Charlie angehäuft hat, ist die Tatsache, dass er in jungen Jahren versessen darauf war, kein Geld auszugeben. Seinen ersten Neuwagen kaufte er, als er fast 60 war, und er wohnte noch lange in einem Haus der gehobenen Mittelklasse, als er bereits Multimillionär war. Jeder gesparte Dollar war ein Dollar, der investiert werden konnte. Zu viel Geld auszugeben kann uns arm machen, aber wenig Geld auszugeben und das Geld klug anzulegen beschleunigt unsere Fahrt auf der Straße zum Reichtum.

103
WEG MIT DEM ALTEN

„Jedes Jahr, das vergeht, ohne dass man eine seiner Lieblingsideen vernichtet hat, ist ein vergeudetes Jahr.“

Weg mit dem Alten und her mit dem Neuen. Dies zeigt eine Entwicklung in unserem Denkprozess, was bedeutet, dass wir wirklich denken. Charlie sagt hiermit, dass wir in allen Jahren, in denen wir nicht eine unserer liebsten Ideen verworfen haben, wahrscheinlich nicht genug gelesen und nachgedacht haben, um in unserer geistigen Entwicklung ein Stück weiterzukommen. Beim Investmentspiel kann man sich mit einer gewissen Regelmäßigkeit einer heiß geliebten Investmentidee entledigen. Die Geschäftswelt ist eine dynamische Umgebung, die innerhalb eines sehr kurzen Zeitraums radikale Veränderungen erfahren kann. Es dauerte lediglich 70 Jahre, dass sich die Vereinigten Staaten von einem Land ohne Strom zu einem vollständig elektrifizierten Land entwickelten. Dies radierte die Kerzenherstellung sowie die Hersteller von Gasbeleuchtung und Petroleumlampen vollständig aus – lauter großartige Branchen im 18. und 19. Jahrhundert. In den 1930er-Jahren gab es in den Privatwohnungen keine Fernseher. Um das Jahr 1960 herum hatte so gut wie jeder Amerikaner einen und das Radiogeschäft – das Internet der 1920er-Jahre – war weitestgehend Geschichte. Im Jahr 2000 existierte Wikipedia noch nicht. Heute können wir ohne nicht mehr leben und Wikipedia vernichtete die 244 Jahre alte Lexikonbranche – die eine wirklich gute Branche gewesen war. 1974 gab es keine Digitalkamera. Heute gibt es Kodak nicht mehr – dabei war Kodak in den hundert Jahren davor ein unglaublich erfolgreiches Unternehmen gewesen! In der Welt der Unternehmen und der Geldanlage ist es am besten, mit neuen Entwicklungen schrittzuhalten und unsere Lieblingsideen jedes Jahr zu überprüfen, nur um sicherzustellen, dass wir richtigliegen und uns nicht täuschen.

104

EIN MORALISCHER IMPERATIV

„Rational zu sein ist ein moralischer Imperativ. Man sollte niemals dümmer sein, als man muss."

Das ist Charlies Abwandlung des Gedankens von Immanuel Kant, dem deutschen Philosophen des 18. Jahrhunderts, der argumentierte, die Vernunft sei die Quelle jeglicher Moralität. Rational beziehungsweise vernünftig zu sein bedeutet für Kant und Charlie, bei Entscheidungen die Emotionen zu ignorieren und sich nach Logik und Verstand zu richten (klingt sehr nach Charlies Aussagen über den Aktienkauf). Ein „moralischer Imperativ" ist ein tief empfundener Grundsatz, der aus dem Verstand eines Menschen hervorgeht und ihn drängt, zu handeln oder nicht zu handeln; anders zu handeln wäre laut Kant und Charlie selbstzerstörerisch und widerspräche darum der Vernunft. In Charlies Welt bedeutet nicht rational sein das Gleiche wie dumm sein.

105

ERFOLGSGEHEIMNIS

„Ich hatte nie besonders großen Erfolg bei etwas, das mich nicht so sehr interessierte. Wenn man es nicht irgendwie schafft, sich sehr für etwas zu interessieren, hat man meines Erachtens selbst dann keinen besonders großen Erfolg, wenn man recht klug ist."

Charlie erklärt oft, der Schlüssel dazu, ein großartiger Manager zu sein, bestehe darin, dass man leidenschaftlich bei dem entsprechenden Geschäft ist. Für Menschen mit dieser Leidenschaft ist das Geschäft kein Beruf, sondern die Liebe ihres Lebens. Sie sind lieber bei der Arbeit als zu Hause. Sie sind Künstler, deren Leidenschaft für ihre Arbeit ihr Leben antreibt und definiert. Damit verweist Charlie darauf, dass diese Theorie für alles gilt, was wir im Leben machen: Um bei etwas erfolgreich zu sein, müssen wir uns leidenschaftlich dafür interessieren. Und diese Leidenschaft bestimmt mehr als die schiere Intelligenz, ob wir mit dem, was wir tun, erfolgreich sein werden. Steve Jobs hat einmal gesagt: „Die Arbeit füllt einen großen Teil des eigenen Lebens aus und die einzige Möglichkeit, wirklich zufrieden zu sein, besteht darin, nach eigener Meinung großartige Arbeit abzuliefern. Und die einzige Möglichkeit, großartige Arbeit abzuliefern, besteht darin, seine Arbeit zu lieben."

106

GENÜGSAM SEIN

„Einer der besten Schutzmechanismen – wenn man sich um die Inflation sorgt – ist nicht, in seinem Leben eine Menge lächerlicher Bedürfnisse zu haben, sondern dass man nicht viele materielle Güter braucht."

Sowohl Charlie als auch Warren haben den größten Teil ihres Lebens in Häusern der gehobenen Mittelklasse verbracht und ältere Automodelle gefahren. Warum? Um ihre Ausgaben niedrig zu halten, damit sie viel Bargeld zum Anlegen ansammeln konnten. Und inwiefern schützt einen das vor der Inflation? Wenn man etwas nicht braucht, dann braucht man es nicht zu kaufen – was kümmert es einen da, wenn es teurer wird? Glauben Sie wirklich, Charlie hätte je eine schlaflose Nacht wegen des stetig steigenden Preises eines neuen Ferraris verbracht?

107

IDEOLOGIE

„Noch eine Sache, die man meiner Meinung nach vermeiden sollte, ist eine sehr rigorose Ideologie, denn das macht den Verstand zu Mus."

Charlie glaubt, dass junge Menschen sich leicht beeinflussen lassen und dann oft so sehr von einer Ideologie besessen sind, dass es ihnen nicht mehr möglich ist, an etwas anderes zu denken oder die Gegenseite eines Arguments zu sehen. Diese Leidenschaft macht junge Menschen blind für jeglichen rationalen Denkprozess.

In Sachen Geldanlage sprengte Warren erst mit Charlies Hilfe die Ketten seiner Gewohnheiten und seiner Ideologie, sodass er schließlich Grahams Methode aufgab, zu Schnäppchenpreisen in mittelmäßige Unternehmen zu investieren. Er begann, zu angemessenen Preisen in großartige Unternehmen zu investieren und sie für immer zu halten. Ältere Leute können sich ebenso wie leidenschaftliche Jugendliche so sehr in eine Ideologie verlieben, dass sie sie daran hindert, einen besseren Weg zu erkennen. Deshalb ist es gut, einen Mann wie Charlie Munger zum Freund und Geschäftspartner zu haben.

108

IDEENVERNICHTUNG

„Wir alle lernen sie kennen, verändern oder vernichten sie immerzu: Ideen. Die schnelle Vernichtung seiner Ideen, wenn die Zeit gekommen ist, ist eine der wertvollsten Fähigkeiten, die man sich aneignen kann. Man muss sich zwingen, die Argumente der Gegenseite zu erwägen."

Das klingt leicht, ist aber sehr schwer in die Praxis umzusetzen. Die Menschen mögen es nicht, lang gehegte Ideen aufzugeben. Das verursacht ihnen Unbehagen und erfüllt sie mit Angst. Und Veränderungen erfordern gewöhnlich enorm viel Arbeit. Der wahrscheinlich härteste Denkprozess der „Ideenvernichtung", den Charlie und Warren jemals durchmachten, war die Schließung der Textilsparte von Berkshire Hathaway. Selbst als offenkundig wurde, dass das Unternehmen keine Zukunft hatte und nie wirklich Geld einbringen würde, führten sie es noch fort. Erst als das Unternehmen große Verluste einzufahren begann, löffelten sie schließlich die Suppe aus und schlossen es.

Ein weiteres Beispiel war Charlies und Warrens Investment in das Kaufhaus Hochschild Kohn in Baltimore, das sie zu einem Spottpreis kauften. Jedoch merkten sie bald, dass es ein lausiges Geschäft war. Sie brauchten fast drei Jahre, um jemanden zu finden, der es ihnen abnahm. Wenn es um den Verkauf eines Investments geht, wird man Unternehmen, die nicht an der Börse notieren, am schwersten los.

Hieraus lässt sich die einfache Lehre ziehen, dass Charlies Verstand niemals stillsteht. Er ruht sich nicht auf seinen Lorbeeren aus und auch wir sollten das nicht tun.

109
KATECHISMUS

„Ach, es bringt ja so viel, mit Menschen zu arbeiten, denen man vertrauen kann, und alle anderen hochkant aus seinem Leben zu schmeißen. Das sollte als Katechismus gelehrt werden. [...] Aber kluge Menschen wollen andere Menschen, die pures Rattengift sind, meiden, und davon gibt es eine ganze Menge.“

Ein Katechismus ist die Zusammenfassung einer Lehre, die verwendet wird, um jungen Schülern etwas beizubringen, normalerweise ist er eine religiöse Unterweisung. Charlie vertritt hier eine Philosophie, die besagt, dass wir unsere am wenigsten vertrauenswürdigen Freunde und Geschäftspartner über Bord werfen sollen. Das hat Konsequenzen, zum einen auf der persönlichen Ebene: Es kann sein, dass größere Familientreffen der Vergangenheit angehören, wenn wir mit unzuverlässigen Verwandten nichts mehr zu tun haben wollen. Im Geschäftsleben gilt: Wenn man seinen Angestellten oder jemandem, mit dem man ein Geschäft abschließt, nicht trauen kann, kann dies für enormes Kopfzerbrechen sorgen und Ineffizienz verursachen, denn Vertrauen ist das Schmiermittel, das jedes Unternehmen reibungslos funktionieren lässt. Wenn man eine Spedition besitzt oder ein Krankenhaus betreibt, müssen die Manager darauf vertrauen, dass die Mitarbeiter ihre Aufgaben effektiv erledigen, und darauf, dass die Produkte und Materialien, die sie bestellen, pünktlich geliefert werden. Wenn dies nicht gewährleistet ist, hat das Unternehmen ein großes Problem.

110
LÖSUNGEN VON DER STANGE

„‚Eine für alles passende Lösung' ist nicht der richtige Weg. [...] Die richtige Kultur für die Mayo Clinic unterscheidet sich von der richtigen Kultur für ein Filmstudio in Hollywood. Man kann nicht alle Betriebe mit einer Lösung von der Stange leiten."

Charlie spricht hier über Organisationsstrukturen und die Dynamik der Interaktionen zwischen Managern und Mitarbeitern untereinander sowie mit ihren Kunden. Er weiß aus Erfahrung, dass jedes Unternehmen einzigartig ist, dass man eine Struktur, die in einem Unternehmen funktioniert, nicht einfach hernehmen und erwarten kann, dass sie in einem anderen funktioniert. Wenn Berkshire Hathaway ein Unternehmen kauft, dann lässt es normalerweise die bestehende Kultur unangetastet und ändert sie nur sehr ungern. Die Berkshire-Manager bleiben ihr Leben lang in derselben Abteilung oder im selben Unternehmen. Die großartigen Manager im Versicherungszweig von Berkshire werden nie in den Eisenbahnzweig versetzt oder umgekehrt. Hingegen versetzen Unternehmen wie General Electric häufig einen großartigen Manager aus einer Sparte oder einem Unternehmen in einen vollkommen anderen Konzernbereich. Charlie bezeichnet diesen Widerwillen, die Manager von Berkshire herumzuschieben, als einen der Gründe, weshalb die ehemals winzig kleine Textilfabrik Berkshire irgendwann größer wurde als General Electric.

111

LERNMASCHINEN

„Warren ist eine der besten Lernmaschinen auf dem Erdball. [...] Warrens Anlagegeschick hat sich deutlich verbessert, seit er 65 geworden ist. Da ich den gesamten Prozess von Warren beobachtet habe, kann ich vermelden, dass seine Erfolgsbilanz nur ein fahler Schatten dessen wäre, was sie ist, wenn er bei dem stehen geblieben wäre, was er zu früheren Zeitpunkten wusste."

Als Warren 65 geworden war, wurde er zu einem viel besseren Anleger – was bedeutet, dass es für fast jeden unabhängig vom Alter Hoffnung gibt. Es macht sich bezahlt, auch dann noch weiter zu lernen, wenn man das Rentenalter erreicht hat, und das ganz besonders in der Investmentszene. Und es gibt noch einen Punkt, der mir bei Männern und Frauen aufgefallen ist, die in ihrem Handwerk oder ihrem Beruf wirklich Hervorragendes leisten: Sie lernen weiter und werden besser, nachdem sich andere Leute längst zur Ruhe gesetzt hätten. Das ist wie bei den Haien. Um am Leben zu bleiben, müssen sie schwimmen; Lernen ist schlicht etwas, was diese Menschen tun müssen.

112

DAS GEHEIMNIS DER KLUGHEIT

„Sehen Sie sich diese Generation mit all ihren elektronischen Geräten und ihrem Multitasking an. Ich sage ihr zuversichtlich weniger Erfolg als Warren voraus, der sich einfach auf das Lesen konzentrierte. Wenn man Weisheit will, erwirbt man sie sich, indem man sich auf den Hosenboden setzt. Auf diese Art erwirbt man sie."

Wenn man Biografien liest, macht man Bekanntschaft mit zahlreichen Lebensläufen sowie Erfolgen und Fehlschlägen; wenn man die Lebensgeschichten von Unternehmen liest, kann man die Wechselfälle eines Unternehmens durchleben und erfahren, wie dort Probleme gelöst wurden. Sowohl Charlie als auch Warren lesen begierig die Lebensgeschichten von Menschen und Unternehmen. Ich möchte noch hinzufügen, dass Charlie, wenn er jemals eine Autobiografie schreiben würde, ihr wahrscheinlich folgenden Titel geben würde: „Wie ich mich zu Ruhm und Reichtum las – und dabei auf meinem Hosenboden saß".

113

RECHTLICHE FRAGEN

„Mein bestes juristisches Erlebnis hatte ich, als ich noch klein war. Ich fragte meinen Vater, weshalb er so viel für einen großen Angeber arbeitete, einen Trottel, der sich übernahm, anstatt für seinen besten Freund Grant McFadden. Da sagte er: ‚Der Mann, den du einen Angeber nennst, ist eine wandelnde Goldgrube an juristischen Problemen, während bei Grant McFadden, der Probleme zügig löst und ein netter Kerl ist, kaum rechtliche Fragen auftreten.“

Hieraus zwei Lehren: (1) Wenn man Probleme zügig löst und nett zu den Leuten ist, hat man weniger rechtliche Probleme. (2) Unabhängig vom Beruf – ob man nun Klempner, Anwalt, Zahnarzt, Dachdecker oder Chirurg ist – bringen einem diejenigen Menschen Geschäfte ein, die Probleme haben. Das ist einer der Gründe, weshalb Charlie den Anwaltsberuf aufgegeben hat.

114

ÄLTER WERDEN

„Ich werde mit dem Alter immer erfahrener. Ich bin wie der Mann, der von einem Wolkenkratzer gesprungen ist und nach dem fünften Stockwerk auf dem Weg nach unten sagt: ‚Bis jetzt kein schlechter Flug.'"

Charlie hatte noch nie eine Prostata-Untersuchung oder einen PSA-Test, weil er nicht wissen will, ob er Prostatakrebs hat. Er denkt sich: Die meisten Männer bekommen irgendwann Probleme mit der Prostata, wozu sich also Sorgen machen? Auch die Erdbeben in Kalifornien bereiten ihm kein Kopfzerbrechen. Er weigert sich, sich um Dinge zu sorgen, die unvermeidlich sind. Das hat ihm ein nahezu stressfreies Leben beschert und mag der Grund sein, wieso er zu Neujahr seinen 93. Geburtstag feiern konnte.

115
POSITIVE VERSTÄRKUNG

„Jeder Mensch arbeitet besser, wenn er das erfährt, was Psychologen als Verstärkung bezeichnen. Wenn man ständig Belohnungen bekommt, spricht man selbst dann darauf an, wenn man Warren Buffett heißt. [...] Lernen Sie daraus und finden Sie heraus, wie man dadurch gedeiht, dass man die Menschen in der näheren Umgebung verstärkt."

Das Geheimnis, Freunde zu finden, besteht darin, ein Freund zu sein. Das Geheimnis, Hilfe in der Not zu bekommen, besteht darin, anderen in der Not zu helfen. Das Geheimnis des Lernens ist das Lehren. Das Geheimnis, Menschen zu hervorragenden Leistungen zu bringen, besteht darin, ihre positiven Eigenschaften zu verstärken. Als der berühmte Rockmusiker Bono Warren um Hilfe dabei bat, den US-Kongress dazu zu bringen, ihn bei seinem Hilfsprojekt für Afrika zu unterstützen, riet ihm Warren, nicht an das Mitgefühl der Abgeordneten zu appellieren, sondern an ihre Größe.

116

ANREIZGESTEUERTE TENDENZEN

„Man muss selbstbewusst genug sein, um sich über Menschen hinwegzusetzen, die mehr Zeugnisse vorzuweisen haben als man selbst, aber deren Erkenntnisvermögen durch anreizgesteuerte Tendenzen oder eine vergleichbare psychologische Kraft beeinträchtigt ist. Es gibt aber auch Fälle, in denen man anerkennen muss, dass man nichts Kluges beitragen kann – und dass es am besten ist, einem Experten zu vertrauen.“

Was ist eine anreizgesteuerte Tendenz? Charlie erzählt gerne die Geschichte von dem CEO, der nicht verstehen konnte, warum das neuere, billigere und besser gestaltete Produkt seines Unternehmens sich nicht besser verkaufte als sein älteres, teureres Modell – bis ihm klar wurde, dass die Verkaufsprovision auf das ältere Modell höher war als die auf das neuere. Seine Vertriebler verdienten an dem Verkauf des älteren schlicht mehr Geld. Die Lösung des CEO bestand darin, die Provision auf das neue Produkt zu erhöhen. Charlie weiß, dass die meisten Verkäufer – ob nun in einer OP-Klinik, die mit Operationen handelt, bei einem Reifenhersteller, der Reifen verkauft, bei einer Immobilienfirma, die Häuser verkauft, oder bei einem technischen Unternehmen, das einem Kunden eine bestimmte Konstruktion verkauft – einen finanziellen Anreiz haben, der ihren Wunsch steuert, den Verkauf abzuschließen, und dass sie dazu neigen, einem das Geschäft selbst dann schmackhaft zu machen, wenn es nicht im besten Interesse des Kunden ist. Charlie empfiehlt eine gewisse Skepsis und sich selbst zu informieren, damit man nicht über den Tisch gezogen wird. Oder wie es der Dramatiker George Bernard Shaw einmal gesagt hat: „Alle Berufe sind Verschwörungen gegen Laien."

Es gibt aber auch Fälle, in denen wir die Tendenzen erkennen und einen Experten aufsuchen müssen; in diesen Fällen ist es immer klug, eine zweite und manchmal auch eine dritte Meinung einzuholen – und, um auf der sicheren Seite zu sein, manchmal sogar eine vierte.

117

ENGSTIRNIGKEIT

„Die meisten Menschen sind auf ein bestimmtes Modell geeicht – beispielsweise das wirtschaftliche – und versuchen, alle Probleme auf die gleiche Art zu lösen. Sie kennen bestimmt das Sprichwort: ‚Für einen Mann mit einem Hammer sieht die Welt wie ein Nagel aus.‘ Das ist eine törichte Art, mit Problemen umzugehen."

Das trifft ganz besonders auf dem Gebiet der Volkswirtschaft zu, wo eine Theorie ein Problem entstehen lassen kann, das eine andere Theorie zu lösen versucht. Nehmen Sie beispielsweise David Ricardos Theorie der freien Marktwirtschaft, die dazu geführt hat, dass Millionen amerikanischer Arbeitsplätze ins Ausland exportiert wurden, was die Arbeitslosigkeit erhöht. Die keynesianische Theorie besagt, dass man das Problem der Arbeitslosigkeit dadurch lösen kann, dass man die Zinsen senkt und Geld druckt, um die Wirtschaft anzukurbeln. Das heißt, einerseits verfolgt unsere Regierung eine marktwirtschaftliche Politik, die die Arbeitslosigkeit steigert, während andererseits die Federal Reserve einen Niedrigzinskurs fährt und Geld druckt, um die Arbeitslosigkeit zu bekämpfen.

118

GUT LEBEN

„Am besten für das Alter gerüstet ist man, wenn man vorher ein gutes Leben geführt hat.“

Das erinnert mich an etwas, das Warren einmal vor einer Gruppe von Studenten geäußert hat: „Wir sollten mit unserem Körper so umgehen, als wäre er das einzige Auto, das wir je besitzen werden.“ Charlie hat sich Warrens Autovergleich zu Herzen genommen und sich überlegt, dass sein Körper umso weniger verschleißt und umso länger hält, je weniger er damit „fährt“. Deshalb ist er dafür bekannt, dass er jegliche Formen körperlicher Ertüchtigung außer Bridge im Klub und dem Umblättern von Buchseiten meidet. Meines Erachtens will er damit eigentlich sagen, dass ein Leben, das man mit ehrenhaften Beschäftigungen verbracht hat, mit einem wissbegierigen Verstand und als aktives Mitglied einer Gemeinschaft, sich im Alter auszahlt und einen auf die alten Tage ein sehr interessantes und befriedigendes Leben führen lässt.

119

EHEBERATUNG

„Was die Ehe betrifft, sollte man nicht nach jemandem mit gutem Aussehen und mit einem guten Charakter suchen, sondern nach jemandem mit geringen Erwartungen.“

Ein Ehepartner mit hohen Erwartungen ist nie zufrieden und dann führt man ein elendes Leben mit dem Versuch, durch Reifen zu springen, um ihm zu gefallen. Wenn man also sein Leben nicht mit jemandem verbringen will, der niemals glücklich ist, dann ist ein Ehepartner mit geringen Erwartungen wahrscheinlich der richtige Weg. Im Geschäftsleben gilt jedoch das Gegenteil: Wenn man von einem Mitarbeiter oder von einem Management-Team nur wenig erwartet, werden sie sich nie der Lage gewachsen zeigen oder lernen, in ihrem Beruf Hervorragendes zu leisten. Warum das nicht auch für die Ehe gilt? Weil die Ehe kein Job ist.

120

DIE BESORGTEN REICHEN

„Wenn man 40 Jahre lang Warren Buffett hat und einem der Mistkerl dann wegstirbt, hat man eigentlich kein Recht, sich zu beschweren."

Damit bezieht sich Charlie auf einige Aktionäre von Berkshire Hathaway, die panisch sind, weil Charlie und Warren älter werden und sich die Tage, in denen sie von ihrer Brillanz profitieren können, dem Ende neigen. Es gibt zahllose Berkshire-Aktionäre, die unter Charlies und Warrens Regentschaft zu Multimillionären geworden sind, nicht wenige sind sogar zu Milliardären geworden. Die Ergebnisse von Berkshire sind besser, als sich jemals jemand hätte träumen lassen. Dennoch gibt es Menschen, die nie mit dem zufrieden sind, was ihnen das Leben beschert – selbst wenn es Millionen oder Milliarden Dollar sind –, und die sich bis zum Ende darüber beklagen. Francis Bacon, ein britischer Philosoph des 16. und 17. Jahrhunderts, beobachtete ein ganz ähnliches Phänomen: dass manche Menschen umso unglücklicher werden, je reicher sie werden – dass Reichtum für manche Menschen eher ein Fluch als ein Segen ist.

121

DIE COCA-COLA COMPANY

„Coca-Cola war viele Jahrzehnte lang ein Basisprodukt mit viel Zucker und es wuchs jedes Jahr. Coke mit Zucker ist inzwischen rückläufig. Zum Glück hat die Coca-Cola Company eine riesige Infrastruktur. Coca-Cola schwächelt ein bisschen, aber mit den übrigen Geschäftsbereichen geht es aufwärts. Ich glaube, Coke ist ein starkes Unternehmen, das sehr gut laufen wird. Es ist immer noch so, als würde man in ein Fass voller Fische schießen."

Der Rückgang bei Coca-Colas zuckerhaltigen Getränken gehört zu den Lieblingsthemen der Finanzpresse und ist das Erste, worauf sich Schwarzseher konzentrieren, wenn sie das Portfolio von Berkshire betrachten. Und es stimmt, dass die zuckerhaltigen Getränke von Coca-Cola nicht mehr so zulegen wie früher. Allerdings besitzt das Unternehmen über 500 verschiedene Getränkemarken mit und ohne Kohlensäure und es verkauft in mehr als 200 Ländern täglich 1,9 Milliarden Einheiten davon. Als sie in ihren Anfangsjahren in Bargeld schwamm, kaufte die Coca-Cola Company nämlich in fast allen Ländern die beliebtesten Marken für alkoholfreie Getränke auf. Mit wachsender Weltbevölkerung wächst auch die Zahl der Coca-Cola-Kunden. Es dauerte 46 Jahre – von 1970 bis 2016 –, dass sich die Weltbevölkerung verdoppelte, und wenn es weitere 46 Jahre dauern wird – von 2016 bis 2062 –, bis sie sich erneut verdoppelt hat, könnte Coca-Cola die Anzahl der verkauften Einheiten aller seiner 500 Marken locker verdoppeln.

Doppelte Anzahl, doppelter Gewinn. Im Jahr 2015 erwirtschaftete das Unternehmen einen Gewinn von 1,67 Dollar pro Aktie. Somit könnte man argumentieren, dass sich der Gewinn je Aktie im Jahr 2062 auf 3,34 Dollar belaufen wird, was ein jährliches Gewinnwachstum von 2,17 Prozent bedeuten würde. Und wenn der Gewinn je Aktie steigt, dann steigt auch der Aktienkurs. Nimmt man noch die derzeitige Dividendenrendite von 3,24 Prozent hinzu, kommt man auf eine jährliche Gesamtrendite von 5,41 Prozent. Dabei sind Aktienrückkäufe, die den Gewinn je Aktie steigern, weitere Übernahmen und Dividendenerhöhungen, wie sie das Unternehmen in den letzten 39 Jahren konsequent durchführte, noch gar nicht berücksichtigt. In einer Welt der negativen Zinsen scheint Coca-Cola nach wie vor ein schmackhaftes Investment zu sein.

122

NEID

„Nun, bei zwei der zehn Gebote ging es um Neid und Eifersucht? Diejenigen unter Ihnen, die Kinder großgezogen haben, kennen den Neid, oder wenn Sie versucht haben, eine Kanzlei oder eine Investmentbank oder gar eine Fakultät zu leiten. Ich habe Warren ein halbes Dutzend Mal sagen hören: ‚Nicht die Gier treibt die Welt an, sondern der Neid.'"

Da mir die sieben Todsünden nicht fremd sind, kann ich bezeugen, dass Neid und Eifersucht die unangenehmsten sind. Zorn, Gier, Faulheit, Völlerei und Wollust – vor allem die Wollust – können großen Spaß machen, wenn man sich auf den maßlosen Weg in die Katastrophe begibt; hingegen machen einen Neid und Eifersucht selbst in kleinen Dosen schlicht und einfach unglücklich. Wenn Charlie und Warren recht damit haben, dass der Neid die Welt antreibt, ist es kein Wunder, dass es auf der Welt so viele unglückliche Menschen gibt.

123

LESEN

„Ich habe in meinem ganzen Leben noch keine klugen Menschen getroffen, die nicht die ganze Zeit lasen – keinen, null. Sie wären erstaunt, wie viel Warren liest – und wie viel ich lese. Meine Kinder lachen mich aus. Sie meinen, ich sei ein Buch, aus dem zwei Beine hervorragen."

Charlie war schon immer ein unersättlicher Leser. Als Kind wohnte er in der öffentlichen Bibliothek in der Innenstadt von Omaha. Während er die Magazine durchforstete, begegnete er in Büchern den überragenden Intellektuellen der Vergangenheit und der Gegenwart. Als er acht Jahre alt war, hatten Thomas Jefferson und Benjamin Franklin feste Plätze im Bücherregal über seinem Bett. Das Lesen hat ihm dabei geholfen, sich vom Pulk abzusetzen.

124
SCHLÄGE WEGSTECKEN

„Das Leben wird immer den einen Menschen auf eine gewisse Weise wehtun und den anderen helfen. Es sollte mehr Bereitschaft geben, die Schläge wegzustecken, die einem das Leben zufügt. Das ist Männlichkeit – dass man das Leben nimmt, wie es kommt. Nicht die ganze Zeit jammern und versuchen, es durch Jammern zu beheben."

Wie der große amerikanische Cowboy-Darsteller John Wayne einmal in einem Film sagte: „Mein Sohn, von Versagern halte ich nicht viel." Ich nehme an, Charlie auch nicht.

125

SINNLOSE SORGEN

„Ich halte es nicht für besonders konstruktiv, seine Zeit damit zu verbringen, dass man sich um Dinge sorgt, die man nicht beheben kann. Solange man bei der Verwaltung seines Geldes erkennt, dass etwas Schreckliches passieren wird, kann man im restlichen Leben ein närrischer Optimist sein.“

Wie bereits erwähnt: In der Finanzwelt passiert im Schnitt alle acht bis zehn Jahre etwas Schreckliches. Weshalb? Vor allem wegen des hoch verschuldeten Bankensystems. Die Schuldenhebel bringen riesige Gewinne ein, wenn es aufwärts geht, aber sie verursachen ebenso riesige Verluste, wenn sich das Blatt wendet. Es gibt noch eine Vielzahl anderer Ereignisse, die einen Börsencrash auslösen können. Das einzige, dessen irgendjemand sicher sein kann, ist die Tatsache, dass die Macht des positiven Denkens bei Anlageentscheidungen nichts zu suchen hat. Über das bevorstehende Erdbeben nachzudenken, das Los Angeles zerstören wird, ist laut Charlie ebenso Zeitverschwendung.

126
LERNMASCHINEN

„Ich sehe ständig, dass es Menschen im Leben zu etwas bringen, die nicht die klügsten, manchmal nicht einmal die gewissenhaftesten sind, aber sie sind Lernmaschinen. Sie gehen jeden Abend ein bisschen klüger ins Bett, als sie beim Aufstehen waren, und ich kann Ihnen bestätigen, wie sehr das hilft, vor allem wenn man eine lange Strecke Wegs vor sich hat.“

Es ist sehr wichtig, dass man stetig lernt, sich stetig verbessert. Stellen Sie sich das so vor, dass Sie Ihren Verstand aufzinsen. Je länger man daran arbeitet, umso reicher wird man. Es gehört auch zu den Merkwürdigkeiten der Geldanlage, dass man ein umso besserer Anleger wird, je älter man wird und je mehr man lernt. Das Feld der Geldanlage ist in dieser Hinsicht einzigartig. Wenn Charlie Chirurg wäre, dann würde eine Zeit kommen, wo er einfach nicht mehr die physische Ausdauer hätte, 15 Stunden am Operationstisch zu stehen. Ebenso wäre es, wenn er beispielsweise Maurer wäre. Die einzigen physischen Eigenschaften, die er als Anleger braucht, sind sein Augenlicht, ein klarer Verstand und die Fingerfertigkeit, um Buchseiten umzublättern. Deshalb kann er auch mit 93 noch den Ball aus dem Feld schlagen und die Jungen Wilden in die Tasche stecken.

127

TRAGÖDIEN

„Wenn man mit einer unglaublichen Tragödie konfrontiert ist, darf man es niemals zulassen, dass sie sich wegen mangelnder Willenskraft zu zwei oder drei Tragödien auswächst.“

Das erinnert mich an einen der ersten Berkshire-Aktionäre, Sam Fried, der als Teenager in Europa durch schiere Willenskraft das Grauen von Auschwitz überlebte, nach dem Krieg nach Omaha kam, eine wundervolle Familie und ein fantastisches Unternehmen gründete, zu einem der führenden Honoratioren wurde und bei alledem das Leben sehr vieler Menschen durch seine Liebe und seine Großzügigkeit bereichert hat.

128

MULTITASKING

Ich glaube, Menschen, die mehrere Dinge gleichzeitig tun, bezahlen dafür einen hohen Preis.“

Viele Menschen denken, wenn sie mehrere Dinge gleichzeitig tun, wären sie superproduktiv. Charlie glaubt: Wenn man keine Zeit hat, gründlich über etwas nachzudenken, dann gewährt man seinen Konkurrenten, die gründlich nachdenken, einen großen Vorsprung. Charlies Fähigkeit, sich intensiv auf etwas zu konzentrieren und wirklich darüber nachzudenken, ist der Wettbewerbsvorteil, der es ihm ermöglichte, die Wall Street in ihrem eigenen Spiel zu schlagen.

129

GLÜCKSELIGKEIT

„Ich wurde einmal gefragt, welcher Mensch für die meiste persönliche Glückseligkeit in meinem Leben verantwortlich gewesen sei, und ich sagte: ‚Ganz einfach – der erste Ehemann meiner Frau.'"

Glückseligkeit – intensives Glück. Das ist Charlies kluge Art zu sagen, dass ihm seine zweite Frau Nancy großes Glück beschert hat. Ich glaube, damit bringt er auch zum Ausdruck, dass ihre Erwartungen durch den ersten Mann sehr tief hinuntergeschraubt worden waren.

130

GESUNDHEIT

„Ich esse, was ich essen will. Ich habe noch nie auf meine Gesundheit geachtet. Ich habe niemals Leibesübungen gemacht, die ich nicht machen wollte. Wenn ich Erfolge feierte, dann deshalb, weil ich darauf bestand, Dinge zu durchdenken ... die vielen Menschen, die meinen, sie würden vorankommen, indem sie joggen oder so etwas in der Art – sollen sie nur machen.“

Da Charlie 93 und körperlich und geistig völlig gesund ist, dürfte wohl etwas dran sein an dieser „Denk“-Form der Leibesübung. Er ist Mitglied eines Country Clubs, aber wie gesagt: Er verbringt dort die meiste Zeit damit, im Kartenspielzimmer Bridge zu spielen. Ich nehme an, man könnte das Mischen der Karten als Leibesübung bezeichnen.

131
EIN NAHTLOSES GEWEBE

„Die höchste Form, die eine Zivilisation erreichen kann, ist ein nahtloses Netz verdienten Vertrauens – nicht so viele Anweisungen, nur vollständig zuverlässige Menschen, die einander zu Recht vertrauen. [...] Im eigenen Leben möchte man ein nahtloses Gewebe verdienten Vertrauens. Und wenn der vorgeschlagene Ehevertrag 47 Seiten hat, rate ich dazu, ihn nicht einzugehen."

Charlie und Warren zitieren oft den im 20. Jahrhundert tätigen Baulöwen Peter Kiewit aus Omaha, der einmal gesagt hat, er wolle Menschen einstellen, die klug, fleißig und ehrlich sind. Doch von diesen dreien sei die Ehrlichkeit am wichtigsten, denn wenn sie nicht ehrlich seien, dann würden die beiden anderen Eigenschaften – Klugheit und Fleiß – ihn das letzte Hemd kosten. Bei Berkshire besagt die Unternehmenskultur, dass man mit jemandem, dem man nicht vertrauen kann, keine Geschäfte machen sollte. Zum Thema Ehe vertrat Charlie schon immer, dass wir vor einer Heirat nicht zurückschrecken sollten, wenn wir den richtigen Partner finden. Ich nehme an, ein 47-seitiger Ehevertrag deutet darauf hin, dass wir die Liebe unseres Lebens noch nicht gefunden haben.

132
VERPASSTE CHANCEN

„Ich finde die Einstellung von Epiktet am besten. Er hielt jede verpasste Chance im Leben für eine Gelegenheit, sich angemessen zu verhalten; jede verpasste Chance im Leben sei eine Gelegenheit, etwas zu lernen, und es sei unsere Pflicht, sich nicht von Selbstmitleid überwältigen zu lassen, sondern den schweren Schlag konstruktiv zu nutzen. Das ist eine sehr gute Idee.“

Der griechische Stoiker Epiktet, der von 55 bis 135 n. Chr. lebte, begann sein Leben als Sklave des Sekretärs von Kaiser Nero in Rom. Er studierte Philosophie und wurde nach Neros Tod freigelassen. Dann lehrte er in Rom Philosophie, bis Kaiser Domitian alle Philosophen aus der Stadt verbannte. Er floh zurück nach Griechenland und eröffnete seine eigene philosophische Schule.

Epiktet lehrte, dass die Philosophie eine Lebensweise sei – alle äußeren Ereignisse seien vom Schicksal bestimmt und lägen außerhalb unserer Kontrolle. Jedoch seien wir als Individuen für unser Handeln verantwortlich. Die finanzielle Parallele zu Epiktets „Schicksal“ sind die makro- und mikroökonomischen Ereignisse, die sich auf einzelne Unternehmen und ihre dementsprechend steigenden und fallenden Aktienkurse auswirken. Wie wir auf diese Ereignisse reagieren und ob wir daraus lernen, liegt in unserer eigenen Verantwortung.

In Charlies Leben als Anleger war jeder einzelne Verlust eine Lektion, aus der er etwas gelernt hat. Wenn er niemals mit Unternehmen in sehr wettbewerbsintensiven Branchen Ärger erlebt hätte

– Textilien, Schuhe, Bekleidungs-Einzelhandel und Fluggesellschaften –, dann hätte er vielleicht nie Einblick in die Wunder des Besitzes von Unternehmen mit einem Verbrauchermonopol wie Coca-Cola oder See's Candies gewonnen. Er hätte nie erlebt, dass ein Billiganbieter wie GEICO einen Wettbewerbsvorteil gegenüber seinen viel größeren Wettbewerbern haben kann. Hätte er nie den Schmerz des Börsencrashs 1973-1974 erlitten, wäre er niemals so vorausschauend gewesen, das Bargeld anzuhäufen, das er 2008 und 2009 einsetzte, um Wells Fargo zu kaufen. Thomas Edison hat einmal gesagt: „Ich bin durch Scheitern zum Erfolg gelangt." Zwar hat Charlie nie so viele Fehlschläge erlebt wie Edison, jedoch kann er seine frühen Fehlschläge als Quelle eines großen Teils seines Erfolgs würdigen.

133

SELBSTBETRUG

„Dean Kendall von der Musikhochschule der University of Michigan erzählte mir einmal eine Geschichte. ‚Als ich ein kleiner Junge war, wurde mir die Verantwortung für einen kleinen Laden übertragen, der auch Süßigkeiten verkaufte. Mein Vater sah, wie ich eine Süßigkeit nahm und aß. Ich sagte: „Kein Problem, das werde ich wieder zurücklegen." Mein Vater erwiderte: „Diese Denkweise wird deinen Verstand ruinieren. Viel besser für dich ist es, wenn du dir alles nimmst, was du willst, und dich jedes Mal einen Dieb nennst."'"

Der französische Philosoph Jean-Paul Sartre hat den Selbstbetrug einmal als „arglistigen Akt" bezeichnet, weil er die „Wahrheit" negiere, was wiederum nicht nur die Charakterstärke des Individuums zerstöre, sondern auch die Gesellschaft, in der wir leben. Wieso die Gesellschaft? Weil – so argumentierte Sartre in den 1940er-Jahren in den verrauchten Pariser Cafés – man auf einem Fundament aus Halbwahrheiten und Lügen keine erfolgreiche Zivilisation aufbauen kann. Damit bringt Charlie zum Ausdruck, dass die kleinen Lügen, die sich die Menschen selbst erzählen, um ihre schlechten Taten zu rechtfertigen, sich oft zu größeren Lügen auswachsen können, die nicht nur ihr eigenes Leben, sondern auch das vieler anderer zerstören – wie in den Jahren 2007 bis 2009, als die „arglistigen Akte" des ruchlosen Wall-Street-Personals beinahe einen Großteil der Weltwirtschaft vernichteten.

134

WAHRHEIT

„Bedenken Sie die Regel von Louis Vincenti:
‚Sag die Wahrheit, dann brauchst du dir
deine Lügen nicht zu merken.'"

Louis Vincenti war Rechtsanwalt und der hochgeachtete Vorsitzende und Geschäftsführer der Wesco Financial Corporation, bis er sich mit 77 Jahren zur Ruhe setzte. Er war dafür bekannt, dass er einen brillanten Geschäftssinn hatte und direkt und geradeheraus war. Er nannte die Dinge beim Namen und sagte immer die Wahrheit. Es heißt, er sei die Verkörperung der Integrität gewesen und habe Charlie und Warren stark beeinflusst.

135

PERSPEKTIVE

„Es ist schlecht, eine Meinung zu haben, auf die man stolz ist, wenn man nicht die Argumente der anderen Seite besser formulieren kann als die Gegner. Das ist eine großartige geistige Disziplin."

Diese geistige Übung hat ihre Wurzeln in Charlies anfänglicher Ausbildung als Jurist, denn in Rechtsdingen ist es von Vorteil, für beide Seiten eines Falles argumentieren zu können. Wenn man die Argumente der Gegenseite kennt, ihre möglichen Ansatzpunkte für Angriffe, dann kann man Gegenangriffe schon weit vorher vorbereiten, bevor der Fall verhandelt wird. Das Interessanteste an dieser geistigen Übung ist, dass man, nachdem man die Argumente der anderen Seite kennengelernt hat, durchaus feststellen kann, dass sie recht und man selbst unrecht hat. Vielleicht nehmen deshalb so wenige Menschen diesen Rat von Charlie an.

136
MULTIDISZIPLINARITÄT

„Wenn man genug Verstand besitzt, um selbst geistig erwachsen zu werden, kann man Menschen in die Tasche stecken, die klüger sind als man selbst. Man suche sich zentrale Ideen aus allen Disziplinen heraus, nicht nur ein paar wenige, dann wird man noch viel klüger als sie.“

Jemand, der alle Instrumente eines Orchesters spielen kann, der kann eine Symphonie komponieren, aber jemand, der nur die Viola spielen kann, der kann – selbst wenn er der beste Bratschist der Welt ist – nur die Viola spielen. Charlie ist jemand, der im gleichen Atemzug über Charles Darwins Überlegungen zur Evolution, über Stephen Jay Goulds Überlegungen zu Darwins Überlegungen, über Albert Einsteins einheitliche Feldtheorie, über Walter Bagehots Traktat über das Notenbankwesen aus dem Jahr 1873, über die Entwicklung der Infinitesimalrechnung durch Isaac Newton und Gottfried Wilhelm Leibniz, über Marcia Stigums umfangreiches Werk über den Geldmarkt, über Marquis' und Jessie R. James' Geschichte der Bank of America, über den Konflikt zwischen Robert Oppenheimer und Edward Teller bezüglich der Entwicklung der Wasserstoffbombe und über E. O. Wilsons Theorien der Soziobiologie diskutieren kann. Er kann sogar Mark Twain und Immanuel Kant zitieren, wenn es die Gelegenheit erfordert. Auf den Gebieten des expressionistischen deutschen Theaters im 20. Jahrhunderts, des Dadaismus und Djagilews Ballets Russes ist er zwar weniger bewandert, aber das macht er dadurch wett, dass er enorm viel darüber weiß, wie man an der Börse Geld verdient. Ich möchte noch hinzufügen, dass er sich auch mit einigen wichtigeren Dingen des Lebens auskennt, zum Beispiel damit, in den Seen von Minnesota Zander zu angeln.

137

ZIVILISATION

„Langfristig gesehen beträgt die Verdunkelungsquote von Zivilisationen, die überholt wurden, einhundert Prozent. Man weiß also, wie es enden wird."

Vom neunten bis zum zwölften Jahrhundert war Venedig das Finanz- und Geschäftszentrum der Welt und obwohl diese Tage längst vergangen sind, ist Venedig immer noch eine sehr reiche Stadt und die Venezianer werden nach wie vor zu den erfolgreichsten Unternehmern und Geschäftsleuten Europas gerechnet. Dass man nicht mehr die Nummer 1 ist, heißt also noch nicht, dass man als Nummer 2 nicht haufenweise Geld verdienen könnte. Wenn Sie mir nicht glauben wollen, sehen Sie sich einfach Charlie an. Er ist seit 1979 die Nummer 2 bei Berkshire Hathaway und es geht ihm nicht gerade miserabel.

138

SPIEGELUNG

„Ich mag Sie, weil Sie mich an mich selbst erinnern. Wer mag es wohl nicht, wenn ihm sein Ebenbild entgegenblickt?“

Der Zauberspiegel ist stets am Werk. Wir mögen Sie auch! Und danke, Charlie, für all die wundervollen Geschenke des Wissens, die Sie im Laufe der Jahre mit uns geteilt haben!

DANKSAGUNGEN

Ich möchte Kate, Dexter und Miranda für ihre unendliche Geduld und Liebe danken. Besonderer Dank geht an meinen fantastischen Verleger und Lektor Roz Lippel bei Scribner, der mir die Gelegenheit gibt, über interessante Menschen und einige abgehobene Themen nachzudenken und darüber zu schreiben. Ich möchte auch meinem sehr guten Freund und Mentor Gerry Spence danken, Rechtsanwalt in Wyoming, der mir beigebracht hat, wie man für Gerechtigkeit kämpft. Und last, but not least möchte ich Warren Buffett dafür danken, dass er den wundervollen, faszinierenden Charlie Munger in mein Leben eingeführt hat.

QUELLEN

1. Daily Journal Annual Meeting, 2015, http://www.forbes.com/sites/phildemuth/2015/04/20/charlie-mungers-2015-daily-journal-annual-meeting-part-3/#20f8719d6f0e
2. http://blogs.wsj.com/moneybeat/2014/09/12/a-fireside-chat-with-charlie-munger/
3. Daily Journal Annual Meeting, 2015, http://www.forbes.com/sites/phildemuth/2015/04/13/charlie-mungers-2015-daily-journal-annual-meeting-part-2/#429049264673
4. http://www.gurufocus.com/news/144211/charlie-mungers-wisdom-poker-and-votes
5. Daily Journal Annual Meeting, 2015, http://www.forbes.com/sites/phildemuth/2015/04/07/charlie-mungers-2015-daily-journal-annual-meeting-part-1/#39be30b31d62
6. https://old.ycombinator.com/munger.html
7. http://blogs.wsj.com/moneybeat/2014/09/12/a-fireside-chat-with-charlie-munger/
8. http://www.quoteswise.com/investing-quotes.html
9. http://www.thepracticalway.com/2010/12/20/quotes-charlie-munger/
10. http://www.nexusinvestments.com/the-wit-and-wisdom-of-charlie-munger/
11. Tren Griffin, *Charlie Munger: The Complete Investor* (New York: Columbia University Press, 2015), S. 129.
12. Wesco Annual Meeting, 2006, http://www.valueplays.net/wp-content/uploads/The-Best-of-Charlie-Munger-1994-2011.pdf
13. http://www.jameslau88.com/charlie_munger_on_checklist_investing.htm
14. http://www.thepracticalway.com/2010/12/20/quotes-charlie-munger/
15. Daily Journal Annual Meeting, 2016, http://thecharlieton.com/the-2016-daily-journal-meetings-notes-february-10-2016/
16. Berkshire Hathaway Annual Meeting, 2001, http://www.bengrahaminvesting.ca/Resources/Books/The-Best-of-Charlie-Munger-1994-2011.pdf
17. Daily Journal Meeting, 2015, http://www.marketfolly.com/2015/03/notes-from-charlie-mungers-daily.html
18. Wesco Annual Meeting, 2006, http://www.valueplays.net/wp-content/uploads/The-Best-of-Charlie-Munger-1994-2011.pdf
19. Daily Journal Annual Meeting, 2015, http://www.forbes.com/sites/phildemuth/2015/04/07/charlie-mungers-2015-daily-journal-annual-meeting-part-1/#39be30b31d62
20. Griffin, *Charlie Munger*, S. 39.
21. Berkshire Annual Meeting, 2003, http://www.fool.com/news/2003/05/05/report-from-berkshires-meeting.aspx
22. Berkshire Annual Meeting, 2005, http://www.tilsonfunds.com/brkmtg05notes.pdf

23. http://www.philanthropyroundtable.org/topic/excellence_in_philanthropy/masters_class
24. http://blogs.wsj.com/moneybeat/2014/09/12/a-fireside-chat-with-charlie-munger/
25. http://blogs.wsj.com/moneybeat/2014/09/12/the-secrets-of-berkshire-hathaways-success-an-interview-with-charlie-munger/
26. https://old.ycombinator.com/munger.html
27. Daily Journal Annual Meeting, 2015, http://www.forbes.com/sites/phildemuth/2015/04/20/charlie-mungers-2015-daily-journal-annual-meeting-part-3/#20f8719d6f0e
28. Daily Journal Annual Meeting, 2015, http://www.forbes.com/sites/phildemuth/2015/04/07/charlie-mungers-2015-daily-journal-annual-meeting-part-1/#39be30b31d62
29. http://today.law.harvard.edu/feature/money/
30. Berkshire Hathaway Annual Meeting, 2000, http://www.fool.com/investing/general/2015/01/17/12-of-the-best-things-charlie-munger-has-ever-said.aspx
31. Bud Labitan, *The Four Filters Invention of Warren Buffett and Charlie Munger*, S. 79.
32. http://www.jameslau88.com/charlie_munger_on_the_conventional_wisdom_on_foundation_investing.htm
33. Wesco Annual Meeting, 1989, aus Janet Lowe, *Damn Right! Behind the Scenes with Berkshire Hathaway Billionaire Charlie Munger* (Hoboken, NJ: Wiley, 2003), S. 150.
34. https://old.ycombinator.com/munger.html
35. Daily Journal Annual Meeting, 2014, http://www.jianshu.com/p/4be97742ef5b
36. Daily Journal Annual Meeting, 2014, http://www.jianshu.com/p/4be97742ef5b
37. Berkshire Annual Meeting, 2015, http://www.businessinsider.com/warren-buffett-charlie-munger-quotes-at-berkshire-hathaway-annual-meeting-2015-5
38. Daily Journal Annual Meeting, 2014, http://theinvestmentsblog.blogspot.com/2015/05/berkshires-architect.html
39. Wesco Annual Meeting, 2002, http://www.jameslau88.com/charlie_munger_at_the_2002_wesco_annual_meeting.htm
40. Wesco Annual Meeting, 2009, http://www.valuewalk.com/wp-content/uploads/2014/05/Charlie-Munger-2005-2013-minus-Harvard-Westlake.pdf
41. Daily Journal Annual Meeting, 2014, http://www.jianshu.com/p/4be97742ef5b
42. Daily Journal Meeting, 2016, http://www.valuewalk.com/2016/02/charlie-munger-daily-journal-2016/?all=1
43. Wesco Annual Meeting, 2009, http://www.bengrahaminvesting.ca/Resources/Books/The-Best-of-Charlie-Munger-1994-2011.pdf
44. https://old.ycombinator.com/munger.html
45. http://blogs.wsj.com/moneybeat/2014/09/12/the-secrets-of-berkshire-hathaways-success-an-interview-with-charlie-munger/
46. Wesco Annual Meeting, 2009, http://www.valuewalk.com/wp-content/uploads/2014/05/Charlie-Munger-2005-2013-minus-Harvard-Westlake.pdf
47. Berkshire Annual Meeting, 2006, http://www.fool.com/news/2003/05/05/report-from-berkshires-meeting.aspx
48. Wesco Annual Meeting, 2011, Questions and Answers, http://www.fool.com/investing/general/2012/06/14/charlie-mungers-30-best-zingers-of-all-time.aspx
49. Wesco Annual Meeting, 2010, http://www.fool.com/investing/value/2010/05/07/charlie-mungers-thoughts-on-just-about-everything.aspx
50. Berkshire Annual Meeting, 2002, http://www.azquotes.com/author/20634-Charlie_Munger/tag/capitalism
51. Wesco Annual Meeting, 2005, http://www.tilsonfunds.com/wscmtg05notes.pdf
52. http://thecharlieton.com/category/hedgefundnotes/

53. Wesco Annual Meeting, 2009, http://www.fool.com/investing/value/2009/05/08/charlie-mungers-thoughts-on-just-about-everything.aspx
54. http://money.cnn.com/2005/05/01/news/fortune500/buffett_talks/index.htm
55. Wesco Annual Meeting, 2002, http://www.jameslau88.com/charlie_munger_at_the_2002_wesco_annual_meeting.htm
56. Wesco Annual Meeting, 2004, http://mungerisms.blogspot.com/2009/10/wesco-2004-annual-meeting.html
57. Wesco Annual Meeting, 2009, http://www.fool.com/investing/value/2009/05/08/charlie-mungers-thoughts-on-just-about-everything.aspx
58. Daily Journal Annual Meeting, 2015, http://www.forbes.com/sites/phildemuth/2015/04/20/charlie-mungers-2015-daily-journal-annual-meeting-part-3/#20f8719d6f0e
59. Daily Journal Annual Meeting, 2015, http://www.forbes.com/sites/phildemuth/2015/04/07/charlie-mungers-2015-daily-journal-annual-meeting-part-1/#39be30b31d62
60. Daily Journal Annual Meeting, 2015, http://www.forbes.com/sites/phildemuth/2015/04/07/charlie-mungers-2015-daily-journal-annual-meeting-part-1/#39be30b31d62
61. http://www.cnbc.com/id/100705820
62. Daily Journal Annual Meeting, 2014, http://www.jianshu.com/p/4be97742ef5b
63. Wesco Annual Meeting, 2005, http://www.bengrahaminvesting.ca/Resources/Books/The-Best-of-Charlie-Munger-1994-2011.pdf
64. Wesco Annual Meeting, 2009, http://docslide.us/documents/wesco-financial-meeting-notes-1999-2009.html
65. Daily Journal Annual Meeting, 2014, http://www.forbes.com/sites/phildemuth/2014/09/25/charlie-munger-and-the-2014-daily-journal-annual-meeting-part-two/#77dc5b3f3b71
66. Daily Journal Annual Meeting, 2015, http://www.forbes.com/sites/phildemuth/2015/04/20/charlie-mungers-2015-daily-journal-annual-meeting-part-3/#20f8719d6f0e
67. Daily Journal Annual Meeting, 2014, http://www.jianshu.com/p/4be97742ef5b
68. Daily Journal Annual Meeting, 2014, http://www.jianshu.com/p/4be97742ef5b
69. Daily Journal Annual Meeting, 2014, http://www.jianshu.com/p/4be97742ef5b
70. http://today.law.harvard.edu/feature/money/
71. Berkshire Hathaway Annual Meeting, May 2000, aus *Alice Schroeder, The Snowball: Warren Buffett and the Business of Life* (New York: Bantam, 2008), S. 579.
72. http://www.thepracticalway.com/2010/12/20/quotes-charlie-munger/
73. http://www.thepracticalway.com/2010/12/20/quotes-charlie-munger/
74. http://theinvestmentsblog.blogspot.com/2011/06/munger-two-kinds-of-businesses-part-ii.html
75. http://www.thepracticalway.com/2010/12/20/quotes-charlie-munger/
76. http://theinvestmentsblog.blogspot.com/2013/06/buffett-and-munger-on-sees-candy.html
77. Lowe, *Damn Right*, S. 150.
78. Interview mit *BBC*, 2009, http://www.psyfitec.com/2009/10/buffett-and-munger-on-bbc.html
79. https://old.ycombinator.com/munger.html
80. https://old.ycombinator.com/munger.html
81. Wesco Annual Meeting, 2005, http://www.tilsonfunds.com/wscmtg05notes.pdf
82. Wesco Annual Meeting, 2005, http://www.tilsonfunds.com/wscmtg05notes.pdf
83. Wesco Annual Meeting, 2003, https://variantperceptions.wordpress.com/category/munger/
84. Wesco Annual Meeting, 2008, mungerisms.blogspot.com/2009/08/2008-annual-meeting-notes.html

85. Wesco Annual Meeting, 2007, http://www.valuewalk.com/wp-content/uploads/2014/05/Charlie-Munger-2005-2013-minus-Harvard-Westlake.pdf
86. http://thecharlieton.com/category/hedgefundnotes/
87. Wesco Annual Meeting, 2007, http://www.bengrahaminvesting.ca/Resources/Books/The-Best-of-Charlie-Munger-1994-2011.pdf
88. Wesco Annual Meeting, 2010, http://www.bengrahaminvesting.ca/Resources/Books/The-Best-of-Charlie-Munger-1994-2011.pdf
89. Wesco Annual Meeting, 2005, http://www.tilsonfunds.com/wscmtg05notes.pdf
90. Wesco Annual Meeting, 2008, http://www.bengrahaminvesting.ca/Resources/Books/The-Best-of-Charlie-Munger-1994-2011.pdf
91. Wesco Annual Meeting, 2007, http://www.bengrahaminvesting.ca/Resources/Books/The-Best-of-Charlie-Munger-1994-2011.pdf
92. http://www.thepracticalway.com/2010/12/20/quotes-charlie-munger/
93. http://www.quoteswise.com/charlie-munger-quotes-4.html
94. Griffin, *Charlie Munger*, S. 42.
95. http://www.gurufocus.com/news/119820/30-of-charlie-mungers-best-quotes
96. Griffin, *Charlie Munger*, S. 85.
97. Wesco Annual Meeting, 2010, http://www.fool.com/investing/value/2010/05/07/charlie-mungers-thoughts-on-just-about-everything.aspx
98. Berkshire Hathaway Annual Meeting, 2011, http://www.fool.com/investing/general/2011/07/05/charlie-mungers-thoughts-on-the-world-part-2.aspx
99. http://boundedrationality.wordpress.com/quotes/charlie-munger/
100. Daily Journal Annual Meeting, 2015, http://www.gurufocus.com/news/394902/seeking-wisdom-from-charlie-munger
101. http://www.valueinvestingworld.com/2014/10/charlie-munger-on-how-he-invested-when.html
102. Wesco Annual Meeting, 2007, http://www.valuewalk.com/wp-content/uploads/2014/05/Charlie-Munger-2005-2013-minus-Harvard-Westlake.pdf
103. http://www.thepracticalway.com/2010/12/20/quotes-charlie-munger/
104. Berkshire Annual Meeting, 2015, http://www.businessinsider.com/warren-buffett-charlie-munger-quotes-at-berkshire-hathaway-annual-meeting-2015-5
105. Daily Journal Annual Meeting, 2014, http://www.forbes.com/sites/phildemuth/2014/10/08/charlie-munger-and-the-2014-daily-journal-annual-meeting-part-four/#1bef4833644b
106. http://www.talkativeman.com/mungerisms-charlie-mungers-100-best-zingers-of-all-time/
107. http://genius.com/Charlie-munger-usc-law-commencement-speech-annotated
108. Wesco Annual Meeting, 2006, Question and Answers, https://www.goodreads.com/quotes/12934-we-all-are-learning-modifying-or-destroying-ideas-all-the
109. Daily Journal Annual Meeting, 2015, http://www.forbes.com/sites/phildemuth/2015/04/20/charlie-mungers-2015-daily-journal-annual-meeting-part-3/#20f8719d6f0e
110. https://www.gsb.stanford.edu/sites/default/files/38_Munger_0.pdf
111. Wesco Annual Meeting, 2007, http://www.fool.com/investing/general/2014/09/07/warren-buffetts-right-hand-man-reveals-his-secrets.aspx
112. Wesco Annual Meeting, 2007, http://www.bengrahaminvesting.ca/Resources/Books/The-Best-of-Charlie-Munger-1994-2011.pdf
113. Wesco Annual Meeting, 2009, http://www.bengrahaminvesting.ca/Resources/Books/The-Best-of-Charlie-Munger-1994-2011.pdf
114. Wesco Annual Meeting, 2007, http://www.bengrahaminvesting.ca/Resources/Books/The-Best-of-Charlie-Munger-1994-2011.pdf

115. Wesco Annual Meeting, 2007, http://www.bengrahaminvesting.ca/Resources/Books/The-Best-of-Charlie-Munger-1994-2011.pdf
116. https://truinn.wordpress.com/2014/04/30/wisdom-from-charlie-munger-i/
117. Griffin, *Charlie Munger*, S. 42.
118. Charles T. Munger, *Poor Charlie's Almanac: The Wit and Wisdom of Charles T. Munger*, https://www.goodreads.com/author/quotes/236437.Charles_T_Munger
119. Daily Journal Annual Meeting, 2015, http://www.bedelfinancial.com/blog/elaines-blog/warren-buffett-and-charlie-munger-more-than-investing/289/
120. Wesco Annual Meeting, 2007, http://www.fool.com/investing/general/2009/05/04/roundtable-buffetts-biggest-berkshire-bomb.aspx
121. http://latticeworkinvesting.com/2016/02/13/charlie-munger-transcript-of-daily-journal-annual-meeting-2016/
122. http://www.rbcpa.com/mungerspeech_june_95.pdf
123. http://www.quoteswise.com/charlie-munger-quotes-2.html
124. Daily Journal Annual Meeting, 2015, http://www.forbes.com/sites/phildemuth/2015/04/20/charlie-mungers-2015-daily-journal-annual-meeting-part-3/#20f8719d6f0e
125. Daily Journal Annual Meeting, 2015, http://www.forbes.com/sites/phildemuth/2015/04/20/charlie-mungers-2015-daily-journal-annual-meeting-part-3/#20f8719d6f0e
126. http://genius.com/Charlie-munger-usc-law-commencement-speech-annotated
127. Schroeder, *Snowball*, S. 198.
128. Daily Journal Annual Meeting, 2015, http://www.forbes.com/sites/phildemuth/2015/04/07/charlie-mungers-2015-daily-journal-annual-meeting-part-1/#39be30b31d62
129. Daily Journal Annual Meeting, 2014, http://www.forbes.com/sites/phildemuth/2014/09/19/charlie-munger-and-the-2014-daily-journal-annual-meeting-a-fans-notes/#478bb4387384
130. Daily Journal Annual Meeting, 2015, http://www.forbes.com/sites/phildemuth/2015/04/07/charlie-mungers-2015-daily-journal-annual-meeting-part-1/#39be30b31d62
131. https://www.gsb.stanford.edu/sites/default/files/38_Munger_0.pdf
132. http://genius.com/Charlie-munger-usc-law-commencement-speech-annotated
133. Wesco Annual Meeting, 2007, http://www.bengrahaminvesting.ca/Resources/Books/The-Best-of-Charlie-Munger-1994-2011.pdf
134. Wesco Annual Meeting, 2004, http://www.bengrahaminvesting.ca/Resources/Books/The-Best-of-Charlie-Munger-1994-2011.pdf
135. Wesco Annual Meeting, 2006, http://www.bengrahaminvesting.ca/Resources/Books/The-Best-of-Charlie-Munger-1994-2011.pdf
136. Wesco Annual Meeting, 2007, http://www.bengrahaminvesting.ca/Resources/Books/The-Best-of-Charlie-Munger-1994-2011.pdf
137. Wesco Annual Meeting, 2005, http://www.bengrahaminvesting.ca/Resources/Books/The-Best-of-Charlie-Munger-1994-2011.pdf
138. Daily Journal Annual Meeting, 2014, http://www.jianshu.com/p/4be97742ef5b

DAVID CLARK

ist Autor und Co-Autor zahlreicher internationaler Bestseller über Warren Buffett, darunter Klassiker wie „Das Tao des Warren Buffett“ oder „So liest Warren Buffett Unternehmenszahlen“, beide erschienen im Börsenbuchverlag. Clark gilt als einer der besten Kenner von Buffett, Munger und Berkshire Hathaway.